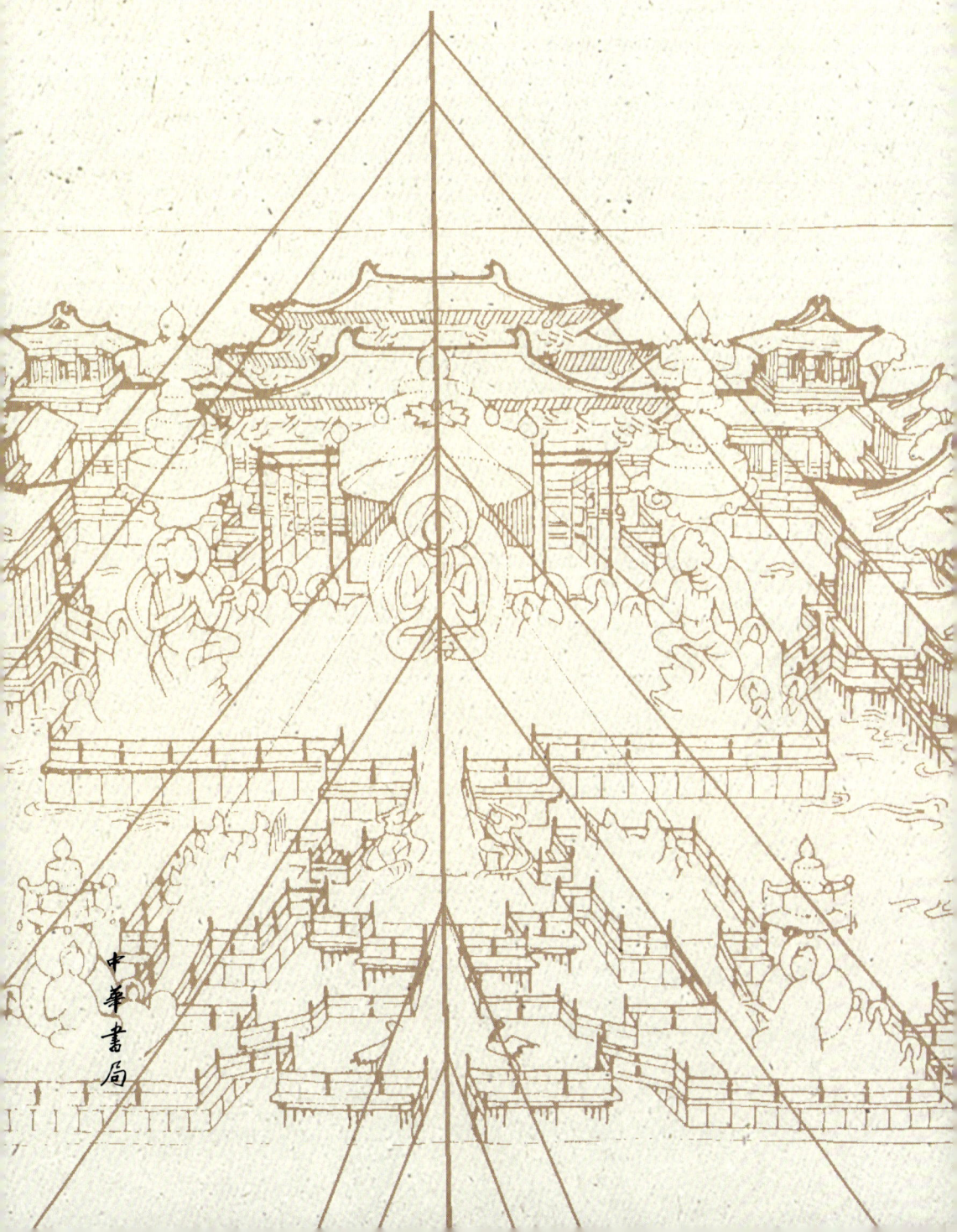

敦煌壁画风景研究

赵声良著

中华书局

图书在版编目(CIP)数据

敦煌壁画风景研究/赵声良著. —修订本. —北京:中华书局,
2023.1
ISBN 978-7-101-15771-0

Ⅰ.敦… Ⅱ.赵… Ⅲ.敦煌石窟-壁画-风景画-研究
Ⅳ.K879.41

中国版本图书馆 CIP 数据核字(2022)第 101644 号

书 名	敦煌壁画风景研究(修订本)	
著 者	赵声良	
责任编辑	朱 玲	
封面设计	王铭基	
责任印制	管 斌	
出版发行	中华书局	
	(北京市丰台区太平桥西里 38 号 100073)	
	http://www.zhbc.com.cn	
	E-mail:zhbc@zhbc.com.cn	
印 刷	天津图文方嘉印刷有限公司	
版 次	2023 年 1 月第 1 版	
	2023 年 1 月第 1 次印刷	
规 格	开本/710×1000 毫米 1/16	
	印张 18 字数 200 千字	
印 数	1—3000 册	
国际书号	ISBN 978-7-101-15771-0	
定 价	88.00 元	

目　录

序

樊锦诗（敦煌研究院名誉院长）

1984 年，赵声良同志从北京师范大学毕业后，志愿到敦煌研究院工作。其后一直孜孜不倦地对洞窟进行调查，从美术史的角度对敦煌壁画进行研究。他的研究涉及到敦煌壁画的山水画、故事画、飞天以及敦煌写本书法艺术等方面。同时他又负责敦煌研究院编辑部的工作，对国内外敦煌学的发展状况了解较多。

1996 年，赵声良由敦煌研究院公派到日本东京艺术大学作为客座研究员，进行了为期二年的研究。之后，他抱着深入了解日本的学术研究、借鉴他山之石以进一步研究敦煌艺术的想法，继续在日本自费学习，于 2000 年取得了硕士学位，2003 年取得了博士学位，并毅然返回敦煌，继续从事敦煌石窟艺术研究工作。

这本书是他在日本完成的博士论文，也是他以新的思路、新的研究方法来探索敦煌壁画艺术的一项成果。不少学者都曾注意到敦煌壁画中的山水风景，并分别做过一些研究，本书在前人研究的基础上做了更细致入微的分析研究，取得了不少新成果。如对说法图中圣树的研究，探讨了其样式的类型及其源流；通过分析敦煌壁画的空间构成，指出了对空间的探索和表现是唐代绘画史上的一项重要的成果；从中国文人意识的角度来分析敦煌壁画的水墨画因素，指出了敦煌壁画水墨画在中国绘画史转变期的重要价值；对榆林窟第 3 窟山水画的分析，对于探讨这个洞窟的时代也提供了重要的依据等等。这些方面的研究、探索，将对敦煌石窟艺术的研究产生积极的促进作用。

敦煌石窟艺术内容涉及的学科领域很广，需要从不同的角度、不同的思维方式来进行不懈地探索。美学、美术史方面的研究是十分重要的课题，但我们目前的研究还非常不够。本书的研究做出了有益的尝试。

2003 年 11 月

前　言

　　敦煌是我国西北地区的一个古老的城市。早在西汉时期，由于我国与西方各国的交流，开通了由首都长安经敦煌而通向中亚、西亚，甚至远达欧洲的丝绸之路。元鼎六年（前111）汉王朝设立了敦煌郡。从汉至唐，敦煌在丝绸之路上占据着重要的地位，逐渐成为了我国与西域诸国商业文化交流的重要城市，可称为我国的西北门户。由于佛教的影响，敦煌在366年于城东南郊外开凿了佛教石窟——莫高窟。其后经北朝、隋、唐、五代、宋、西夏至元代为止约一千年间持续不断的营造。现在的敦煌石窟包括莫高窟、西千佛洞和榆林窟三处石窟群，共500多个洞窟，是中国规模最大的石窟群。在石窟里，以佛像（塑像）为中心，四壁及窟顶均绘满了内容丰富的壁画。敦煌石窟的建筑、雕塑、壁画在中国美术史上具有重要的价值，特别是壁画艺术深受研究者关注。

　　敦煌壁画是佛教绘画，其主题主要是依据佛教经典绘制的尊像、经变、故事画等等。但在这些佛教绘画中，也存在大量的作为背景画出的风景，这些风景因素正是本研究所关注的对象。因为风景是中国美术中的一个重要的内容。自从魏晋南北朝山水画产生以来，到唐代发展成熟，以山水为中心的风景画成为了中国绘画的一个重要的主题。而中国传统美学思想与山水相关的内容也非常多。在佛教石窟中大量出现山水风景的画面，应是中国传统思想影响的产物。敦煌壁画从北魏到元代一千年间留下如此丰富的风景绘画，在世界上是绝无仅有的。特别是中国唐代以前著名画家的山水画作品没有保存下来的今天，敦煌壁画中的风景更具有一种特别的价值。

本研究主要内容如下：

绪论阐述古代美术对风景的描绘，是中国传统审美思想的组成，至少在孔子的时代就已经强调了对自然中山水的观照，从中看出人的品格与思想。5世纪以后，对山水的欣赏和借自然风景来表达自己的情感与思想已成了中国文人生活的一个重要方面。由于文人思想的影响而产生了山水画和山水诗。敦煌壁画中出现大量的风景因素，正反映了这样一种传统思想的影响。另外，对敦煌壁画是如何接受山水画的影响，以及这些风景表现在敦煌各个时期的特点作了总结。还介绍了前人对敦煌壁画风景所做过的研究，并提出本文的研究方法及特点。

第二章主要分析了北朝到唐代敦煌壁画中的一些风景因素。它们虽然是作为风景来描绘的，但都包含着宗教的意义，并不是纯粹的风景。当这些风景的因素作为一种绘画形式由国外传入中国以后，就产生了十分有趣的变化，从这些变化中，我们不仅可以看到一种宗教艺术走向世俗化的演变，而且可以看出敦煌绘画艺术所特有的中外风格并存的状况。

本章包括三节，第一节探讨了须弥山、狩猎图从内容到形式的来源和变迁。并对山水树木的类型进行了总结，同时探讨了当时画家们对空间的认识及表现特征。第二节和第三节都是对敦煌壁画说法图中的圣树进行的类型分析以及对其表现形式的源流研究。通过比较印度、中亚和中国内地的圣树形式，我们看到敦煌壁画中流行的圣树形式来自中国内地，包括中国式的树木和中原接受了外来影响之后形成的独特树木。在圣树这一独特的美术形式中，体现出了宗教需要与艺术表现，外来形式与传统审美思想等冲突中的相互作用关系。

第三章主要围绕风景的空间表现问题进行研究。虽然中国在很早的时候山水画就流行起来了，但中国的画家们并没有一套严密的空间构成理论（比如像西方文艺复兴时代的"透视法"那样的理论体系），正因为如此，过去的研究者们往往没有注意到唐代以来的绘画对空间的表现已经达到了很高的水平。本研究以敦煌壁画为中心，揭示了唐代绘画中所反映出的成熟的空间表现技法。

本章包括三节。第一节分析了敦煌石窟唐代经变画的空间构成方法，指出经变画通过人物的群体表现，建筑的构成以及山水的表现，在平面的壁画中创造出了宏大的富有深度的空间，体现出古人的审美精神。特别是建筑描绘中，采用"鱼骨式构成"的方法表现远近关系，在科学的"线透视法"产生之前，是十分成功的远近表现手法。第二节以唐代壁画山水风景为中心，进一步分析了壁画的空间表现技法因素，包括画面中山水风景与人物的关系，风景要素中的山峦、河流及树木在表现空间远近关系中所起的作用，以及它们之间的相互联系等等。从中我们可以看出空间表现的完善是唐代山水画取得的重要成果。第三节以敦煌壁画的山水为中心，并比较西安地区唐墓壁画相关的山水景物，以及日本正仓院收藏的8世纪的美术品，总结出唐代山水表现中比较流行的一些山水构成模式，包括"三山构成""金字塔形构成""阙形构成""左右对比构成"等四类构成，这些山水构成不仅流行于唐代的山水画中，而且还对五代北宋山水画的构成产生过深远的影响。

第四章阐述了唐代后期开始的山水画的一个重大变化，就是由青绿山水向水墨山水画的发展。这不仅仅是绘画的变迁，而且也反映了中国文化的一个深刻变化，它标志着文人这一特别的阶层在中国文化艺术的各个方面产生了越来越大的作用。在佛教石窟中也出现了水墨山水，说明了文人精神的深刻影响。这种影响在宋元以后更为强烈和深入。

本章包括三节。第一节以敦煌唐代壁画为中心，同时比较了西安地区唐墓壁画，探讨了水墨山水在壁画中流行的情况，并对照唐代文献的记载，分析了当时水墨山水的技法特征，包括笔法（皴法）和墨法的特点。通过对水墨画流行的社会历史原因的分析，可知水墨画代表着文人意识对绘画的渗透，对水墨画的爱好在唐代后期成为了具有普遍性的审美倾向。第二节在榆林窟第3窟描绘的文殊变和普贤变中，作为背景的山水风景十分引人注目，这是敦煌壁画中唯一的大型水墨山水画。其山水的构成，既有北宋时代华北山水的样式，也出现了南宋时代山水画的X形构成，树木的描绘深受江南山水画的影响，特别是受米氏山水画那样的文人山水画审美意识的影响。通过对榆林窟第3窟水墨山水画风格的分析，笔者认为它反映了由金到元代，活跃于中国北方的"李郭派"绘画对敦煌壁画的影响。从而推测这两幅壁画的创作时间可能是元代统一北方以后。第三节是前一节的续篇，进一步分析了榆林窟第3窟山水风景中所描绘的亭、草堂、园石。首先对古典文学作品中与亭、草堂、园石相关联的作品调查，分析其在古代文人生活中的意义。其次对中国古代园林艺术的调查，分析亭、草堂和园石在唐宋以来文人园林或别墅中的作用。再次对唐宋时代绘画作品的调查，可知对亭、草堂、园石的描绘已成为山水画中流行的景点。基于这些调查分析指出亭、草堂、园石正是充满了文人意识的一种符号，壁画中这些符号表达出中国传统的文人精神。

以上三章的内容大体对敦煌从北朝、隋、唐到西夏、元代的壁画中所表现的风景因素进行了较全面的分析。尽管佛教是外来的宗教，佛教艺术也曾受到外来艺术的影响，但从敦煌壁画中所见的风景绘画则反映出中国传统文化的强烈影响。另外，从敦煌壁画的风景中，还可以看出魏晋南北朝以来中原地区山水画的特征以及其发展变迁的状况。

本研究是在对敦煌石窟北朝到元代壁画中的风景因素进行全面调查的基础上，对各时代风景的风格特征及其样式的源流进行的分析和讨论。考虑到敦煌各时期壁画中的风景表现都受到以长安为中心的中原绘画的影响，所以，我们可以通过敦煌壁画来印证中国山水画史的发展变化，且以敦煌丰富的绘画图像来补足中国山水画史资料的不足。

敦煌美术的研究者都承认这样一个事实：即敦煌艺术受到了中国传统思想的影响。然而"中国传统思想"包括的面很广，具体到绘画中受到哪一方面的影响，有必要做具体深入的分析。本研究着重分析了中国文人意识对风景绘画的影响。比如在说法图中表现佛教的圣树，却画出了中国文人喜爱的松、竹等。或如唐代后期壁画中出现的水墨山水画，以及榆林窟水墨山水画中出现的亭、草堂等因素，都体现出浓厚的文人意识。

对敦煌壁画的研究，前人多重视对照佛教经典进行考证。而本研究在重视佛教经典调查的同时，也重视对中国古典文献特别是儒家文献的调查，以此来明确风景绘画的中国传统特征。对各时代风景的研究中，不仅仅停留在其技法、形式诸因素的分析，而更强调其社会历史背景及审美意识的时代特点。这些都可以说是本研究的特色。

第一章

绪论

一　山水风景与中国传统思想

自古以来，中华民族对于大自然有着特别的爱好。据《尚书》《周礼》等文献记载，西周时宗庙祭祀器物上描绘的各种纹样中，就有山岳的纹样。帝王的冕服上也要画出山岳的纹样①。这些山岳纹样当然还算不上是风景画，但足以表明中国古代对山水自然的热爱以至崇拜。

我国最早的诗歌总集《诗经》是西周以来民间流传的歌词，代表着那时普通民众的审美趣味，在《诗经》中就有着很多以山水作比兴的例证，如："如南山之寿，不骞不崩"，"节比南山，维石岩岩"，"奕奕梁山，维禹甸之"等都是以山来象征长久，象征一种不变的精神。"比""兴"作为中国古代诗歌的一大特色，就在于通过自然的景物花草来抒发自己的思想和情绪。《诗经》《楚辞》都贯穿着这种以自然山水及花草作比兴的文学修辞。

孔子曾说："知者乐水，仁者乐山。"他从山水中看到了高尚的人格。所谓"仁者乐山"刘宝楠《论语正义》解释说："言仁者愿比德于山，故乐山也。"

孔子的这种以山水来"比德"的思想在《孟子》中得到了进一步的阐述：

> 徐子曰：仲尼亟称于水曰：水哉，水哉！何取于水也？孟子曰：源泉混混，不舍昼夜，盈科而后进，放乎四海。有本者如是，是之取尔。(《孟子·离娄下》)

---

① 《尚书正义》卷五："予欲观古人之象，日、月、星辰、山龙、华虫、作会宗彝、藻、火、粉米、黼、黻、絺绣。以五采彰施于五色作服，汝明。"(《十三经注疏》，中华书局1980年影印本，第141页) 孔安国疏：绘五彩也，以五彩成此画焉。宗庙彝尊，亦以山龙、华虫为饰。《周礼·春官·司服法》："冕服九章，登龙于山……初一曰龙，次二曰山……皆画以为缋。"(《十三经注疏》，中华书局1980年影印本，第781页。)

观水有术，必观其澜，日月有明，容光必照焉。流水之为物也，不盈科不行，君子之志于道也，不成章不达。（《孟子·尽心上》）

《荀子》更把孔子观水的象征意义具体化了：

孔子观于东流之水，子贡问于孔子曰：君子之所以见大水必观焉者，是何？孔子曰：夫水，大遍与诸生而无为也，似德；其流也埠下，裾拘必循其理，似义；其洸洸乎不涸尽，似道；若有决行之，其应佚若声响，其赴百仞之谷不惧，似勇；主量必平，似法；盈不求概，似正；淖约微达，似察；以出以入，以就鲜絜，似善化；其万折也必东，似志。是故君子见大水必观焉。

于是，儒家所推崇的德、义、道、勇等人格精神，都可以通过对山水的观照而体会出来。这是儒家思想对山水自然的认识，而这一点对中国数千年山水审美思想产生了十分重大的影响。

除了儒家的文献以外，道家的庄子也特别强调对自然界的观赏，《庄子》说："山林欤！皋壤欤！使我欣欣然而乐欤！"抒发出山林原野给予人的畅快之情。与孔子相比，庄子的思想更接近艺术的精神。这种与自然同乐的思想在魏晋南北朝时期深受文人们的欣赏，并得到了进一步发扬。

由于道家神仙思想的发展，对很多名山都赋予了神秘的气氛，汉代以来民间就流传着种种诸如昆仑山、蓬莱山的传说。如《淮南子》《山海经》等书中就记录了这些山水的离奇故事。这样的传说，也常常在汉代的绘画中表现出来。如汉代画像砖画像石，就有不少描绘蓬莱山、昆仑山及相关神仙事迹的画面。这种对一些神秘的山岳的崇拜，也成为了中国的一种传统而流传了下来。

二 文人思想对中国风景画的影响

中国山水画从一产生，就与中国文人思想有着割不断的渊缘。风景的表现在汉代以来的画像石、画像砖中就可以看到。然而作为独立的山水画，则是在魏晋南北朝时期才形成的。而产生山水画的契机就在于当时文人们观赏山水景物风气的流行。

魏晋时期，社会动荡，政治黑暗，使一些文人厌倦了仕途而归隐山林，他们寄情于山水之间，写山水诗，作山水画。"隐逸"成了文人生活的一种象征。其影响所及，统治阶级贵族们争相效仿，形成了品评山水，流连自然的时代风尚。以谢灵运等诗人为代表的山水诗产生了。同时，以顾恺之、宗炳、王微为代表的画家们不仅创作了山水画，而且写出了山水画的理论著作。东晋画家顾恺之"从会稽还，人问山川之美，顾云：千岩竞秀、万壑争流，草木蒙笼其上，若云兴霞蔚。"像这样对山水的赞美之词，在当时十分流行。甚至对人物的品评也往往以山水树木来比拟。如《世说新语》中有这样的记事：

（裴楷）见山巨源：如登山临下，幽然深远。（《世说新语·赏誉》）

庾子嵩目和峤：森森如千丈松，虽磊砢有节目，施之大厦，有栋梁之用。（同上）

王公（王导）目太尉（王衍）：岩岩清峙，壁立千仞。（同上）

山公（山涛）曰："嵇叔夜（嵇康）之为人也，岩岩若孤松之独立。其醉也，傀俄若玉山之将崩。《世说新语·容止》

有人叹王恭形茂者，云："濯濯如春月柳。"（同上）

从以上记载不难看出当时人们对人物的品评多以山水树木来比喻，可以想象出那个时代的人们对于自然景物是多么的爱好和亲近。在文人的审美思想影响下，山水画诞生了。而且，山水画发展的几次重大变化也与文人思想有关。特别是唐代，山水画由青绿山水发展为水墨山水，文人思想起着重要的作用。

中国绘画美学的理论一开始就受到文学理论和书法理论的影响。书法本来就是中国文人的艺术，没有读过书的人可能成为画家，但却不能想象没有文化的人能成为书法家。因而古代书法家的地位往往高于专业画家。绘画理论往往把绘画与书法相提并论，借以提高绘画的地位。于是书法讲究笔法，绘画也强调笔法。书法用墨，绘画终于也走向了水墨画的道路。唐代后期绘画由着色走向水墨，从某种意义上来讲，也与书法的影响有关。

所以，中国的山水画不是普通的风景画，山水画中贯穿着中国传统的审美意识。由一般意义的风景画走向中国式的山水画，正体现了中国绘画中文人意识的逐渐渗透。其中山水从青绿着色山水画改变为水墨山水画，是一个质变的过程，这一重大的变革发生在唐代，而目前唐代画家们的山水画作品已无可靠真迹存世，敦煌壁画中所描绘的大量的山水风景，便是我们认识唐代山水画的可靠资料。

虽然山水成为了中国风景画的主体，从而形成了"山水画"这一概念，但中国山水画与风景画是不相同的。这里有必要先明确一下本文所说的山水、山水画、风景、风景画诸概念。

风景画 是指以风景为主题的绘画作品。

山水画 是中国美术的特有的概念，是魏晋南北朝产生并在唐宋以后成熟的一种特别的风景画。也就是以山水景物为主题，并有一套完整的表现技法，以及独自的审美规范的绘画。

山水画产生以前，在中国绘画中就已出现了对风景的描绘，如汉代画像中就有不少风景画。魏晋南北朝以后，风景画更得到发展，其中受山水画的影响，山水风景的成分增加，同时对树木、建筑等景观的描绘也越来越丰富。

根据以上概念的划分，本文特别采用了"风景"一词。

风　景 是指画面中人物以外的景观的题材。如山岳、河流、树木、建筑等。

在敦煌壁画中，没有独立的山水画或风景画，但是作为人物活动的背景，却描绘了大量的"风景"。这些风景因素的形式和技法往往与当时中国流行的山水画密切相关，我们通过这些风景是可以推测出当时的山水画的特征的。

三　敦煌佛教壁画对山水画受容

敦煌石窟是佛教的僧侣和信众们出于宗教崇拜的目的而修建的，所以敦煌壁画当然首先是要表现佛教的教义以及相关的内容。可是为什么在以佛像、经变画、故事画等主题为中心的壁画中要画出那样多的风景呢？

首先在佛经中实际上存在着很多关于风景的记载。例如须弥山、灵鹫山就是佛教的圣山。与释迦牟尼的生平故事，即本行故事相关联的就有灵鹫山、须弥山、恒河、菩提树、庵摩罗树、娑罗树等等，这些记载可以说是壁画中风景描绘的直接依据。

此外，由于文殊菩萨信仰在中国的流行，对于文殊菩萨的道场——五台山的描绘也逐渐兴起。莫高窟中唐时期的第 159 窟、361 窟等窟中就出现了屏风式的《五台山图》。五代的第 61 窟则出现了长达 13 米以上的通壁巨制《五台山图》①。而佛教的本生、因缘、本行等故事画中，大多描绘出具体的自然风景来。

以上这些佛教内容，都是可能绘制风景画面的条件。然而，印度、中亚的佛教美术中，虽说在佛教故事画中也偶尔表现出一定的景物，但绝没有像中国绘画中那样广泛地、大规模地表现风景。山水风景的表现可以说是中国佛教美术的一个突出特点，表明了中国传统美术对佛教寺院和石窟绘画的深刻影响。

唐代以后，首都长安的众多寺院壁画已经深受中国传统艺术的影响。从文献中我们可以看到不少关于寺院壁画中直接描绘山水的例证②。此时，概括地表现佛经内容，综合风景、人物来绘制的大型经变画开始流行起来。以佛像为中心又把人物、建筑、山水有机地结合起来，既表现了极其丰富的佛教内容，在形式上又有广阔的空间感。可以说把中国传统的山水审美精神与佛教思想很好地结合了起来。经变画使画家们最大限度地发挥了空间表现的技法。从这个意义上可以说，把当时山水画中取得的新成果成功地应用到了佛教绘画中来，表现出中国式佛教美术的典型特征。

宗教美术本来是由于宗教崇拜的需要而产生的，然而当它作为一种造型艺术表现出来时，总是要受到一定的地域的、民族的和传统的因素所影响。佛教美术传入中国后，就不断地受到中国传统艺术和审美意识的影响。而对风景的审美与表现，正是中国传统审美思想的重要部分，所以佛教壁画中大量地描绘山水风景，正是中国式佛教美术的重要

---

① 参见赵声良《莫高窟第 61 窟五台山图研究》，《敦煌研究》，1993 年第 4 期。
② 《历代名画记》卷三《记两京外州寺观画壁》中有关山水画的记载如下：1. 慈恩寺，院内东廊从北第一间南壁，韦銮画松树。2. 唐安寺，北堂内西壁，朱审画山水。3. 兴唐寺，东般若院，杨廷光画山水等。4. 万安寺，公主影堂东北小院南行，屋门外东壁，李昭道画山水。5. 宝应寺，西南院小堂北壁，张璪画山水。6. 崇福寺，西库牛昭、王陁子画山水。东山亭，刘整画山水。7. 懿德寺，三门西廊东，静眼画山水。8. 崇福寺，壁碾，陈积善画山水。《东都寺观画壁》记载东都（洛阳）敬爱寺，西禅院殿内佛事并山，并宝弘果塑。北壁门西一间佛会及山水，何长寿描。（又，会昌灭佛以后，残留的壁画有）王陁子须弥山、海水，在僧伽和尚外壁。

特征之一。

四　敦煌壁画中风景的时代特征

如前所述，敦煌壁画主要的题材是佛教的尊像、经变、故事画等，但在这些题材中风景却以画面背景的形式大量地描绘出来。北朝至元代的敦煌壁画中留下了丰富的风景画面，可以说它展示出 4 ～ 14 世纪中国风景画史的一个重要方面。我们从中不仅可以观赏到唐代及以前的山水画实例，还可以探寻一千年间山水画绘画技法的演变过程。对于中国传统的山水审美思想的发展及其在佛教艺术中逐步渗透，也将有一个系统的了解。

敦煌壁画的风景画大体经过了以下四个发展阶段：

早期　从北朝至隋，其间近 200 年。在开凿时代最早的第 275 窟里已有山水图像，北魏时期在佛教故事画中布满了山林景物，画面生动而富有想象力，这些山林样式大多来自汉代绘画的影响，尤其是狩猎场面，与汉代绘画的狩猎图十分相似。西魏以后由于中原对西域影响的增强，中原新的山水画风也传到了敦煌，北周至隋代，佛教故事画大量出现，作为绘画背景的风景也以现实生活为本，描绘出真实而自然的山峦、林木等景物。从这些历史资料中，我们可以考察到山水画在初期阶段的基本状况，与唐人记载的"人大于山"、"水不容泛"等特征相符合。

唐代前期　整壁构图的大型经变画，取代了早期横卷式构图，成为唐代最流行的佛教绘画。经变画的空间布局，反映了唐代画家对空间处理的高度成熟。通过背景中建筑、山水、树木的刻画，展示了中国式的独特的透视方法。特别是山水画中，画面敷彩由早期那种色彩相间的装饰性画法改变为色调统一的青绿山水。造型中熟练地描绘出山峰、断崖、沟壑、坡、川、泉等多种复杂的地形地貌，并出现了众多的植物品种。在第 103、217 等窟的《法华经变·化城喻品》、第 172、320 等窟的《观无量寿经变》中都表现出了具有相对独立意义的山水画。

唐代后期及五代、宋　中唐以后，山水画沿着青绿山水画的道路发展的同时，产生了具有水墨画特征的新因素，在莫高窟第 112 窟、榆林窟第 25 窟等窟壁画中以及敦煌出土的绢画中可以看出这种新的风格。五代以后，敦煌曹氏政权势力衰弱，与中原王朝的关系不像以前那么密切。敦煌壁画的制作也趋向保守。但仍然出现了像第 61 窟那样独立的巨幅《五台山图》，这是一铺绝无仅有的以山水画为主体的鸿篇巨制。此外，中唐以后，屏风式壁画的兴起，也促进了独立山水画的发展，并为壁画中立轴式构图开辟了新路。

晚期 西夏至元代，敦煌石窟的开凿已进入了尾声。这一时期，两宋王朝注重文艺的发展，促使绘画高度繁荣，其影响不仅波及北方的辽、金诸国，还远及西夏统治下的敦煌。及至元代统一，山水画又出现高潮。在榆林窟第 2、3 窟出现了山水画的新风，特别是第 3 窟规模宏大、技艺精湛的水墨山水画，一改过去青绿山水的风格，显示出宋元山水画对佛教壁画的巨大影响。这样的绘画精品，不仅是敦煌也是中国山水画史上难得的佳作。

从 4 世纪到 14 世纪，敦煌石窟的营造经历了一千多年的时间，这其间每个阶段壁画中都能看到风景的描绘。那么，这些风景画面在多大程度上反映了当时中国山水画的面貌，则随时代不同而有所不同。从地理上看，敦煌是中国西部的一个小城市，由于地处丝绸之路要冲，使它成为了联系中原和西域的一个重要桥梁。北朝前期中原的影响较小，而西魏以后，中原画风强烈地影响敦煌地区，此时的风景画开始模仿中原地区，以莫高窟第 285 窟（538 ～ 539 年）为代表的石窟壁画中出现了大量的风景场面。此后，中原的影响逐渐增强。隋唐时代，朝廷努力经营西域，敦煌成了西北经济文化的重要城市，不仅中原的艺术新风能迅速传到敦煌，而且中原的著名画家到敦煌作画的可能性也不是完全没有的。此时的山水画不应看作是边陲地区之作，而是当时具普遍意义的流行的风格。五代以后，中国的山水画发生了深刻的变化，由于中原王朝更迭频繁，政权衰弱，无暇顾及西北，敦煌曹氏也迫于周边的回鹘等少数民族势力，统治范围缩小到了仅沙州（敦煌）、瓜州（安西）两州的地域，此时壁画中的山水大体保持着晚唐以来的传统，显得因循守旧，缺乏新意，与内地的山水画差距很大。宋代至西夏，敦煌壁画中几乎看不到中原的新画风。但在西夏晚期或元代，榆林窟第 3 窟出现了规模宏大的水墨山水画，体现出两宋以来山水画的特征。

五　敦煌风景画的研究史

最早注意到敦煌壁画中山水风景的，可能是日本学者松本荣一，他的成果最早发表于20世纪40年代初，除了在他的大作《敦煌画研究》中对敦煌佛教艺术作了较为全面的考证外，还在《正仓院山水图研究》的系列论文中利用敦煌壁画中的山水资料进行对比研究 ①。与松本差不多同时的日本学者下店静市也在他的论文中利用敦煌壁画中山水资料对唐代山水画的技法特点进行研究 ②。不过遗憾的是，这两位学者一生都没有去过敦煌，他们是根据法国人伯希和拍摄的黑白图片进行研究的，因而诸如壁画的颜色、晕染的浓淡等问题就不免会出现错误。

1962 年美国学者沙立文（Michael Sullivan）出版了《中国风景画的诞生》③ 一书，这是他的博士论文，他较多地应用了敦煌的风景画资料，但他主要是探讨南北朝以前的风景画问题，因而对敦煌壁画中最富有价值的唐代山水画则讨论较少。1964 年，法国学者席尔娃（Anil de Silva）出版了《中国风景画》一书 ④，这是第一本全面介绍敦煌风景画的著作。刊出了很多较有代表性的敦煌风景画彩色照片，书中还引用了大量的中国文献，分析这些风景壁画的价值和意义。然而，由于文化的差异性，作者对中国风景画的理解总让人有隔靴搔痒之感，而且由于作者对中国文学的一知半解以及对敦煌石窟年代认识的混乱，不能不使这部著作的价值大打折扣。

1982 年日本平凡社和中国文物出版社合作出版《敦煌石窟·敦煌莫高窟》五卷，其中刊登了日本学者秋山光和《敦煌壁画中的山水画》⑤，该文较全面地分析了敦煌壁画中山水画的价值，并作了深入的研究，提出了很多引人深思的问题，特别提到通过西边的敦煌以及东边的日本藏品来推测中国长安的绘画状况，这样的设想无疑是极有意义的。

---

① 松本荣一《正倉院山水図の研究》（1～8），《国华》，1940～1941 年，第596～598、602、604～606、608 号。
② 下店静市《唐代皴法の研究》，《南画研究》，1943 年第 12 卷 2 号。
③ Michael Sullivan：*The Birth of Landscape Painting in China* Berkeley and Los Angeles: University of California Press, 1962.
④ Anil de Silva: *Chinese Landscape Painting*, London,1964.
⑤ 秋山光和《敦煌壁画に表される山水画について》，《中国石窟·敦煌莫高窟》第三卷，平凡社，1982 年。

1982 年日本讲谈社出版了《西域美术——大英博物馆敦煌绘画藏品》，其中韦陀（Roderick Whitfield）在他的论文中谈到了山水画也是鉴别绘画时代的一个依据①。

中国方面，1983 年全国敦煌学术讨论会时，王伯敏先生发表了《莫高窟壁画山水探渊》，开始了对敦煌山水画的研究。此后，又接连发表了 4 篇关于敦煌山水画的论文②，并于 2000 年集结成《敦煌壁画山水研究》一书出版③。在这一组论文中，王伯敏对敦煌壁画中山水画的技法作了详细分析。另外还通过敦煌壁画的考察，对顾恺之的《五台山图》进行了复原。

此外，敦煌研究院前院长段文杰先生也发表了关于敦煌山水画的论文④。笔者在 1987 年以后，也对敦煌壁画山水画作了一定的探讨，主要从山水画发展史的角度，对唐代山水画作了一定的分析⑤。出版了《敦煌石窟全集·山水画卷》⑥，主要从绘画史方面对敦煌山水的发展及其风格特征作了概述。

如上所述，关于敦煌壁画中的风景，虽然前人已作了一定的研究，但到目前为止的研究还是十分不够的。而且，至今为止的研究多限于摘取敦煌壁画中某些风景画之例来进行比较或研究，还没有将敦煌壁画中的风景画作为一个完整的体系来考虑。本文在全面调查敦煌石窟的基础上，继承前人的研究成果，希望通过对敦煌风景画图像的全面考察，分析其技法特征以及表现形式的渊源关系，并充分考虑到中国传统思想中对自然风景的审美因素，以及这些因素在敦煌石窟这一佛教艺术中产生

---

① Roderick Whitfield 《敦煌の絵画について》《西域美術（大英博物館スタインコレクション）》（第 2 卷，敦煌绘画 II），讲谈社，1982 年。
② 王伯敏《莫高窟壁画山水探渊》，《1983 年全国敦煌学术讨论会文集·石窟艺术编（下）》，甘肃人民出版社，1987 年。《莫高窟早中期壁画山水再探》，《敦煌石窟研究国际讨论会文集·石窟艺术编》，辽宁美术出版社，1990 年。《莫高窟壁画山水三探》，《1990 年敦煌学国际学术会议文集》，辽宁美术出版社，1995 年。《莫高窟壁画山水四探》，《1994 年敦煌学国际研讨会文集（石窟艺术卷）》，甘肃民族出版社，2000 年。《敦煌莫高窟壁画山水五探》，《2000 年敦煌学国际学术研讨会文集（石窟艺术卷）》，甘肃民族出版社，2003 年。
③ 王伯敏《敦煌壁画山水研究》，浙江人民美术出版社，2000 年。
④ 段文杰《敦煌壁画中的山水画》，《国际交流美术史研究会第二回シンポジアムアジアにおける山水表現について》，1983 年京都。
⑤ 赵声良《敦煌莫高窟唐代前期山水画试论》，《敦煌研究》1987 年第 3 期。《敦煌石窟唐代后期山水画》，《敦煌研究》1988 年第 4 期。
⑥ 赵声良《敦煌石窟全集·山水画卷》，商务印书馆（香港），2002 年 3 月。

的影响，从而探索敦煌风景画发展变化的社会深层历史原因，并由敦煌风景画来推测中国内地流行的山水画样式。

六 敦煌壁画风景的特质及研究方法

山水画作为中国美术史上的一个重要内容，它的形成和发展都渗透着中国民族的传统美学思想。敦煌壁画本来是佛教艺术，与山水画并没有直接的关系，然而，在表现内容丰富的佛教主题的同时，画家总是不愿放弃描绘山水风景的机会，使那些佛教故事画和经变画等画面中总是充满了风景的因素，从而形成了与印度、中亚佛教艺术不同的一大特色。

然而，敦煌壁画的风景画又不是独立的山水画，如果没有经变、故事等内容，这些作为背景的风景就没有存在的意义。所以，壁画中的风景画显然与传世的山水画作品有着极大的不同，要考虑到画家们描绘它并不完全是出于山水画的创作需要，而是把它作为某一项佛教内容的附属品而表现出来的。因而风景本身的分析并不能完全诠释它的意义。如果不了解与其相关联的佛教内容，就不能完全读懂它。从某种意义上来说，敦煌风景的图像研究不像传统山水画研究那样单纯，因为相当一部分山水景物都是有象征意义的。它所表现的是佛经中所描述的理想的王国——净土世界的风景，而不是现实中的人间的风景。不理解它所象征的意义，就无法理解其特有形式的意义。例如，说法图中表现的树木，就是与佛说法相关联的菩提树、娑罗树、庵摩罗树等。而经变中的风景也是佛教净土世界的象征，山岳的形象（如须弥山、灵鹫山等）也都有着特殊的宗教含意。

对此，本文首先是以图像学的方法，从佛教或中国传统的思想背景上来解读其本来的含意。如北朝期绘画中的圣树、须弥山、狩猎图等，晚期壁画中的亭、茅屋等，它们分别作为一种符号代表着一种特定的宗教或文化的内涵。然后再从历史文化的方面来探讨其原意的演变。

当然，对于佛国世界景象的想像，归根结底还是要以现实世界的自然景观来表现的，画家们通过宫殿或寺院宏伟的建筑来象征佛国世界的天宫，通过人间世界的自然景观来表现佛国的净土世界。于是，理想的天国风景从某种意义上说又是现实的人间景观的写照。佛教壁画的内容是以尊像为中心的，本来不一定要表现风景，但在唐代以后的壁画中，山水风景在壁画中越来越占有重要的地位，体现了中国人喜爱山水风景这一审美特点越来越强烈地影响了壁画的创作。

然而，敦煌壁画的复杂性更在于这些风景画面并不完全是画家们对本地自然景物的写生，而往往来自对中原地区的绘画样式的模仿。随着中国山水画的成熟，对自然风景的表现便作为一种美的形式出现并流行开来了，尽管佛教的要求只是要表现有关教义的主题，然而在烘托主题的时候，这种流行的美的形式不可避免地被用来服务于宗教。在山水画流行的时代，山水这种中国人喜爱的形式也就自然而然地进入了佛教寺院或石窟。当中原地区的画家们开始在佛教寺院里描绘山水时，这种风气也影响到了敦煌，于是敦煌壁画中出现了大量的风景画面。比如在长安地区流行李思训父子为代表的青绿山水画时，敦煌壁画中也出现了青绿山水图。只不过在这里是作为佛教绘画的背景描绘出来的。如莫高窟第217、103窟的经变画中就可以看出青绿山水画的特征。但是这些山水风景并非敦煌周围自然风景的写生，而是对中原地区流行的绘画形式的模仿。正因为如此，当中原地区山水审美思想发生变化时，敦煌壁画中的风景表现也出现了相应的变化。由是，我们通过敦煌壁画中的风景图像，正可以推测出古代以长安、洛阳为中心的中原地区寺院壁画的山水画状况，再对照画史著作，甚至可以推测出一些名画家的作品特征。

美术研究中，采用类型学的办法通过具体形式的比较和分析，可以辨别样式的源流。但是如果抛开了特定的历史、文化背景，则可能无法解释其样式发展的必然关系。所以本文在参酌采用类型学方法的同时，比较重视联系中国特定历史时期的文化思想、审美心理等因素来分析敦煌壁画中的风景因素，以阐明其发展变化的深层原因。如中国传统文人思想对绘画的影响就是其中的重要方面。敦煌壁画虽然是佛教绘画，但作为中国西部重镇的敦煌，汉民族文化传统的影响是十分深远的，而且，敦煌壁画的很多样本可能是直接来自中国文化中心的长安一带，这样无疑使壁画艺术充满了中国的民族特色。如果说在佛像、说法图等直接表现佛教内容的绘画上，外来的因素还占着主导作用的话，非直接表现佛教内容的风景、装饰画等方面，汉民族的特色就十分强烈了。本文试图把敦煌壁画的风景因素放在中国传统文化的大背景下来进行分析，并寻找它与中国内地绘画的关系，从而使敦煌壁画可以与画史上一些画家的作品参照研究。这样，敦煌壁画就不仅仅是敦煌一地的艺术，而是中国美术发展史上的重要的一环。

第二章
早期敦煌壁画中的风景要素

第一节　敦煌北朝壁画中的风景要素

一　引　言

敦煌石窟开凿初期的四、五世纪，正是中国山水画诞生的时代。从文献的记载可知当时的画家顾恺之、宗炳、王微、戴逵等都画过山水画。而且，顾恺之、宗炳、王微都留下了有关山水画的著作。可是，他们的山水作品今天已无法见到了。传世虽有传为顾恺之的《洛神赋图》、《女史箴图》等，一般认为，这些都是后代的摹本，当然它们在一定程度上也传达了当时绘画的一些特点。从《洛神赋图》看来山水表现还较稚拙，人与山水的比例还不完善。与北朝期的敦煌壁画相比，有相同的因素，也有很多不相同的。而敦煌北朝壁画中所描绘的山水风景，数量较多，表现形式也十分丰富，对了解当时中国山水画特点具有十分重要的意义。要分析北朝的敦煌壁画中的风景因素，首先要分辨出一些独特的山岳如须弥山的佛教意义，然后再梳理其风格和表现手法的源流，并与当时的中原绘画相比较，以探讨其艺术特征。

二　关于须弥山

须弥山，梵文拼写为 Sumeru，是佛教世界里十分重要的山，也是反映佛教宇宙观的一个重要方面。记载有关须弥山的佛经很多，其中最为详细的是小乘经典的《长阿含经·世纪经》,《大乘阿毗达摩集论》等等①。据佛经，须弥山乃是一个小世界的中心，其周围有七层山，其四方有人间生活的"赡部洲"等四大洲。下面则是地狱。须弥山上有帝释

---

① 除以上的经典以外，记述须弥山的还有《大楼炭经》《长阿含经》《起世经》《起世因本经》（以上均见《大藏经》第 1 卷）、《正法念处经》（《大藏经》第 17 卷）、《立世阿毗昙论》（《大藏经》第 32 卷）等。

天所居的忉利天宫。在须弥山的山腰住着四大天王，他们守护着佛国的国土。这样看来，须弥山是一个完整的佛国世界，其中包括着"欲界""色界""无色界"。而"欲界"里则是生命不断轮回的世界。

　　须弥山是产生于印度的佛教宇宙观。可是，在印度却看不到须弥山的造型[①]。在克孜尔石窟第118窟绘有须弥山图，不过遗憾的是这些壁画于1902年被德国格林威德尔探险队揭走，而存于柏林美术馆。由于没有照片发表，现在我们只能依据格林威德尔的报告中所发表的素描图来了解这幅须弥山图的样子（图1）[②]。这是一座上下宽、中央细的山岳，在上部两侧分别绘有日、月，山腰有16条蛇（或龙）缠绕。山峰是由一个个菱形小山组合而成。山两侧画水，表现大海，左右各有一条龙的龙头浮现在海面上。水中还画出水鸟。山上的中央可见作游戏坐的菩萨

图1　克孜尔石窟第118窟　弥勒说法与须弥山

---

　　① 在印度马土腊地区出土有公元前1世纪的须弥座，被认为是最古老的须弥座。(Susan L. Huntington: *The Art of Ancient India Weather Hill*, New York. 1985) 但毕竟不是须弥山。

　　② Albert Grunwedel: *Altbuddhistische Kultstatten in Chinesisch-Turkistan* Berlin 1912. Druck und verlag von georg reimer.

说法的形象，其两侧各有五身菩萨。这一场面应是弥勒菩萨说法的场面。此外，克孜尔第205窟等壁画（有关阿阇世王故事的场面）中还有倒下的须弥山形象（此壁画也已被德国人揭走）。在克孜尔石窟第13窟和第17窟（465年前后）[①]都画出了卢舍那佛。在卢舍那佛的法衣上画出了象征"欲界"、"色界"、"无色界"三界的内容，而三界的中心正是须弥山。

在中原地区，云冈石窟北魏第10窟（484～489年）的门上，我们可以看到浮雕的须弥山形象（图2）。山的形状是由一个个如驼峰状的山形连续而成[②]。上部较宽，中部较窄。山腰上有两条龙环绕着。山外没有描绘大海，但在山两侧有两身菩萨双手合十而跪。须弥山的造型与克孜尔石窟第118窟极为相似。

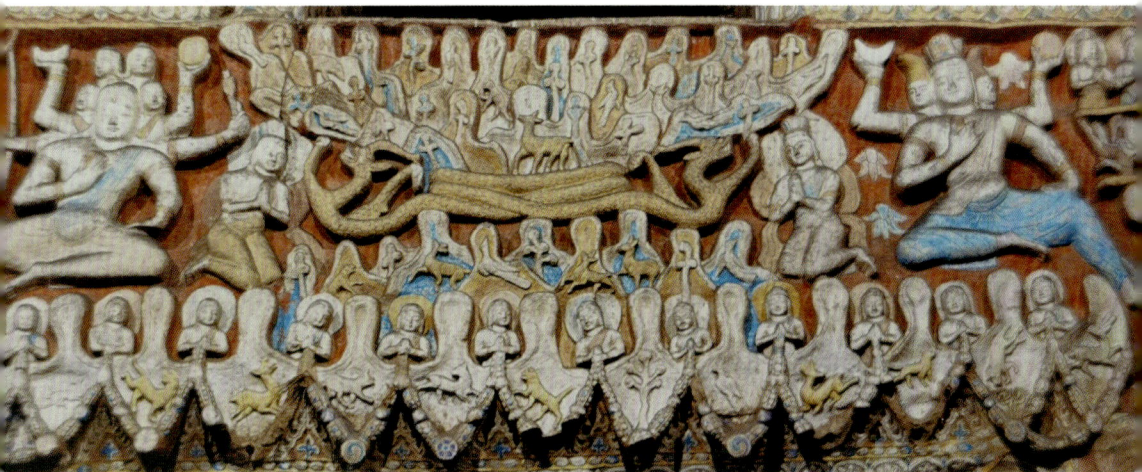

图2　云冈石窟第10窟　须弥山　北魏

关于克孜尔石窟的年代，由于壁画的题记以及相关的文献资料相当缺乏，研究者们得出的结论往往相差很大。第118窟（德国探险队称之为海马窟）的时代，按格林威德尔的分期，把它划为第一阶段（500年左右）。而按北京大学的宿白先生的分期，则属于第二时期，时代为

---

① 克孜尔石窟第17窟经北京大学考古学系的C14分析，认为其年代为395±65～465±65AD（参见宿白《キジル石窟の形式区分とその年代》，《中国石窟キジル石窟》第1卷，平凡社，1983年）。
② 松本荣一最早用"驼峰型"一词来描述汉代的山岳形式特征。（见松本氏《正仓院山水图研究（二）》，《国华》，1940年，第597号）。其后，沙立文的《中国山水画的诞生》一书也使用了这个词。本文也借用这个词来描述同样的山岳。

395±65～465±65年①。笔者认为北京大学考古系采用碳–14的研究方法比起数十年以前的德国考古学家的方法更为科学合理，因而本文采用北京大学的分期法。那么克孜尔第118窟的时代当比云冈第10窟更早。而从克孜尔石窟一直流行的以菱格形表现山或树木的形式来看，云冈石窟的须弥山样式来自西域影响的可能性就很大。

在敦煌莫高窟第249窟窟顶西披也画出了须弥山的形象（图3）。须弥山前还画出阿修罗的形象。山也是通过一个个驼峰状的山头相连续

图3　莫高窟第249窟窟顶西披　须弥山　西魏

① 宿白《キジル石窟の形式区分とその年代》，《中国石窟キジル石窟》第1卷，平凡社，1983年。

来表现的。山的上部较宽，上有一座城，城的中央有门。山腰较细，有两条龙缠绕，两条龙都把头伸向山的上部。在山的下部画出环绕须弥山的大海。画家通过青绿色的晕染，使一个个山头的颜色由浅入深，形成了装饰趣味。这种以连续的驼峰形山峦表现的须弥山形式与云冈石窟第 10 窟基本相同，但在山上所画的象征兜率天宫的城则是云冈石窟所没有的。

在南朝，从四川省成都市万佛寺出土的浮雕中，也可以看到须弥山形式。这是梁代（6 世纪前半叶）的作品 [①]（图 4）。这件浮雕中，须弥山的形象也是上广下窄，其右侧描绘出阿修罗的形象，在山腰上还有四大天王，并有龙缠绕着山腰。山峰整体的形象与汉代以来的博山炉的形式很相似，但并不像云冈石窟和敦煌石窟那样由小型的驼峰式山峦堆积而成，而是描绘出一座大山的形状。细部的表现十分写实。表明同时期的南方美术对山峦的表现已经远比北方进步了。

图 4　成都万佛寺出土南朝须弥山浮雕　梁　（四川博物院　藏）

---

① 　参见赵声良《成都南朝浮雕弥勒经变与法华经变考论》，《敦煌研究》2001 年第 1 期。

由上的例中可以看出南北朝时期的须弥山形式大体有两个类型，一种是云冈石窟和敦煌石窟所见的以驼峰式小山头堆积而成的须弥山，具有平面化的特点。另一种则如四川省万佛寺浮雕那样，整体如一座大山的形式。而这两种的共同点在于山形上广下狭，有龙缠绕于山腰。如前所述，云冈石窟和敦煌石窟中的须弥山反映出来自西域的影响。不过，从敦煌石窟的情况来看，第249窟营造的时代，正是中原风格的影响最强烈的时代，第249、285窟的壁画都被认为是典型的中原风格壁画。所以，第249窟壁画中的须弥山图可能不是直接来自西域的影响，而是中原佛教艺术接受了西域风格以后，又反过来影响到敦煌的结果。因此，虽说带有较强的西域风格特征，但多少也还有一些汉代绘画的影响。而万佛寺浮雕的须弥山则反映了南方新的山水画特征。

　　八木春生先生认为云冈石窟第10窟的山岳表现，与中国汉代的升仙思想有着密切关系①。过去一些学者已经注意到与莫高窟第285窟大体同时的第249窟窟顶表现的正是神仙思想的内容。第249窟的窟顶内容配置为：西披绘阿修罗和须弥山，南披绘西王母，北披绘东王公，东披绘二力士捧摩尼宝珠。关于西王母与东王公的内容，前人已作了不少研究，其中段文杰先生指出了它反映了中国传统的道教思想与佛教思想的融合②。笔者认为与其说是道教思想，不如说是中国传统的神仙思想更为妥当。因为壁画中所绘的这些内容，多出自《山海经》之类的传说故事，反映的是传统的升仙思想，而与作为宗教的道教没有直接的关系。

　　敦煌附近的酒泉丁家闸5号墓（东晋）中，在墓顶也画出了东王公、西王母的形象。这正是汉代以来画像石、画像砖中流行的升仙思想的主题。在汉代的墓室或祭祀祖先的祠堂里，表现东王公、西王母的形象是十分流行的③。值得注意的是，西王母的形象通常都是坐在昆仑山上的。而昆仑山的形象，往往是上部广，中部细，像一个高足杯，下部有时画一列山峦。这是汉代以来流行的昆仑山形式。丁家闸5号墓顶壁画中的西王母也坐在昆仑山上，昆仑山的形式也是上部广，中部细，下

---

　　① 八木春生《雲岡石窟における山岳紋様について》，《云冈石窟纹样论》，法藏馆，2000年。
　　② 段文杰《道教题材是如何进入佛教石窟的》，《敦煌石窟艺术论集》，甘肃人民出版社，1987年。
　　③ 关于汉代画像石中的升仙图主题，参见曾布川宽《漢代画像石における昇仙図の系譜》，《东方学报》（京都），1993年，第65册。

图 5　酒泉丁家闸 5 号墓壁画　西王母与昆仑山　东晋

部有一列山峦的形式（图 5）。莫高窟第 249 窟窟顶的壁画内容配置与丁家闸 5 号墓顶壁画有很多相似之处，都在顶部一侧描绘东王公，一侧描绘西王母的形象。而在四披下沿画出连续的山峦形式也完全相同。只是莫高窟第 249 窟壁画中的东王公和西王母不是坐着的形象，而是乘车前行的样子，这大约是南北朝时期的新样式。

　　莫高窟第 249 窟和云冈石窟第 10 窟的须弥山主要来自西域的影响，但我们也不能忽视了汉代以来昆仑山的影响。昆仑山的形象也是上下大，山腰细的形式。山上如平台一样，西王母和其他仙人在山上。佛教传入中国的初期，很多人把佛教与神仙思想混为一谈，佛与神仙同时描绘的情况是很多的。那么，借普通人十分熟悉的神仙所居的昆仑山形象来表现佛教的须弥山，便自然会产生某种亲近感了。所以比起印度和西域的美术来，中国石窟中较多地绘制须弥山的形象。在敦煌石窟中，除了第 249 窟以外，第 428 窟（北周）、第 427 窟（隋）等处的卢舍那佛的法衣上均绘有须弥山。隋代的第 302、303 窟的中心塔柱都按须弥山的形式造成。上部为倒圆锥体形，作出 7 层阶梯形，由上而下渐渐缩小，各层均贴影塑千佛（大部已失）。下部为方形坛基。在上部圆锥体与下部连接处，有 4 条龙缠绕。唐代以后，在弥勒经变里描绘须弥山则成为普遍的作法。

图6　莫高窟第251窟　金刚力士与山岳　北魏

　　北魏时代，敦煌石窟的中心柱窟中，四壁和中心柱四面的下部都画出了山峦形象。这些山峦都是以驼峰形式横向连续，其中以黑、红、绿、青及赭色相间染出。色彩相递变化，体现一定的装饰效果。在莫高窟第251、254、263等窟都可以见到（图6）。如果把整窟当作一个佛教世界来看，在四壁的上部画出天宫伎乐，天宫，象征着弥勒世界的兜率天宫。中部大部分画面绘出千佛。下部则画出了金刚力士——佛国世界的守护神。而金刚力士脚下都有山峦，这些山峦不正是象征着佛教的须弥山吗？或许正是这样的须弥山思想，使洞窟的设计者总是要在洞窟的四壁及中心柱四面的下部画出连续的山峦形象。八木先生对云冈石窟的研究，认为在第11窟等窟的明窗部分的下侧雕刻出的山峦浮雕，与内壁的须弥山有密切联系，也属于须弥山。这样的作法到了敦煌则形成了在洞窟四壁下部及中心柱下部的山峦。或许这是艺术家们对须弥山的独特表现。

三　山岳与狩猎图

　　在西魏第249窟、第285窟的顶部描绘了许多山峦。在这些山峦之中，还绘出了不少狩猎图。特别是第249窟的窟顶壁画中描绘的动物及狩猎图引人注目。一个猎师骑马，回身正拉弓对准向他追来的猛兽。另一个猎人则持枪追逐着前面的动物（图7）。这幅形象生动的狩猎图给人以深刻的印象。可是佛教是主张慈悲而不杀生的，狩猎要杀死动物，这一点与佛教的教义相矛盾。为什么还要描绘狩猎图呢？

图 7　莫高窟第 249 窟　狩猎图与山岳　西魏

　　这只能从狩猎图的传统来说明。在战国时代的青铜器以及汉代以来的博山炉、画像石画像砖中，表现狩猎图的例证是很多的。特别是汉代以来的画像中，描绘山岳，大多要画出相应的动物以及狩猎图像。如河北省正定县出土的西汉时代"金银错狩猎纹铜车饰"中①，描绘了山峦及野兽的活动，尤其引人注目的是狩猎的场面，描绘一人骑马回身弯弓射箭，而后面的猛兽紧追不舍（图 8）。在日本东京艺术大学也收藏有一件类似的"金银错狩猎纹铜车饰"，其中也有同样的狩猎图②。

图 8　金银错狩猎纹铜车饰　西汉（河北博物院　藏）

---

① 　《グランド世界美術中国の美術 I 》，讲谈社，1978 年，图版第 36～37。
② 　《世界美術大全集・東洋編》2（秦汉卷），小学馆，1997 年。

汉代的画像砖、画像石中也常常可以看到类似的狩猎图。如图9是陕西省凤翔县出土的西汉画像砖。画面分出三条横长形带状图案。上面两层描绘山峦和动物，下面一层描绘猎人追逐野兽的场面。山峦呈波状起伏，其间描绘出野猪、狼、鹿等动物。这样的表现形式直到魏晋南北朝时期仍然十分流行。比如辑安通沟的魏晋壁画墓中描绘的狩猎图，表现出波状起伏的山峦。其中也有一个乘马的猎师回身弯弓，而身后一只猛兽向他扑来（图10），这样惊险的场面，与汉代的"金银错狩猎纹铜车饰"中的形象十分一致。可见它是作为山岳风景中一个典型的场面，被普遍地表现的。

图9　山岳狩猎画像砖　西汉　（陕西历史博物馆　藏）

魏晋以来，狩猎图作为山水风景的一个有机组成部分，与山水画一道进入了佛教壁画之中。莫高窟第249窟、285窟的窟顶都画出了连续的山峦，于是在这些风景中画家们同样描绘出猎师们弯弓射箭的场面。因为狩猎图在汉代以来已经成为山水风景中不可缺少的内容，一些狩猎场面也成了风景中的一种定式，在不断地被描绘。因此，在画家们看来，只要描绘山水风景，就必然应该画出这样的狩猎图。于是就忽略了其杀生的内容与佛教的教义相抵触的问题。佛教文化进入中国，与中

图 10　辑安通沟壁画墓　狩猎图　东晋

国传统文化相碰撞时，在很多方面都不同程度地形成了妥协和融合。甚至连狩猎这样的场面也可以画在佛教洞窟里，表明了佛教艺术的宽容性。这也可以说是中国式佛教美术的一个特点吧。

四　山岳、树木的样式

样式的源流

关于北朝期的山岳形式，沙立文（Michael Sullivan）曾指出有近东方面的影响[①]。的确，在公元前 7 世纪左右的古巴比伦（叙利亚）浮雕里，就出现了不少山岳的形象。以同样大小的波状的山岳形连续排列，具有图案的特征（图 11）。沙立文把这样的山岳称作是"格子式"（Compartment）山岳[②]。叙利亚雕刻中表现狩猎、战争等题材中，常常描绘这样的山岳纹。克孜尔石窟壁画中，菱形构成画面中，山岳形象与

[①]　サリヴァン（Michael Sullivan）《中国山水畫の誕生》（日译，中野美代子，杉野目康子），青土社，1995 年。

[②]　同上。

西亚雕刻有些类似。但西亚的"格子式"山岳仅描绘出子形式的山峦的轮廓，并没有具体刻画出山峦轮廓内部结构，而克孜尔壁画中的山岳则往往在每一个山峰的轮廓之内还描绘出具体的结构。而且由于时代相差太大，还找不到直接的证据足以说明两者存在着直接的影响关系。但这样的山岳形式在中原地区几乎没有作例，应看作是西域地区的特征。克孜尔石窟具有强烈的古龟兹地方文化的特性，这种菱格构成的山峦形象也未尝不可以看作是古龟兹地区样式的一种特征。

图 11　古代叙利亚雕刻　山岳　公元前 645– 前 640（大英博物馆　藏）

　　另外，狩猎图与山岳风景一起描绘的方式，沙立文也认为是来自西亚的影响。实际上汉代的工艺品以及汉代的画像石、画像砖中表现的山峦、狩猎等形象，已经形成了中国式的纹样特征，其特点在于画面中赋予了如云气纹那样的流动性特征，使本来静止的山岳也有一种动感。另外，对空间的表现总是考虑到一些留白。这些都是中国式的审美意识，与西亚的狩猎图相去甚远。

　　敦煌北朝石窟的四壁及中心柱下部所描绘的山岳，大多为一列的山峦，这一列的山峦，在山岳之列以外还给人与一定的空间感。而且，由于山列的方向的改变，还可以造成一定的深度。可是，古代叙利亚的浮雕或者克孜尔石窟的山峦往往把山岳图案铺满了画面，几乎没有多余的空间，于是，这些山峦与其说是描绘风景，不如说是描绘一种山岳图案。风景化的倾向和图案化的倾向就是汉式山峦与西域式山峦的重要区别所在。

山岳类型及其组合形式

从山岳的外形来看，敦煌北朝壁画中的山岳可分为三个类型（表1）。

第 1 类型	第 2 类型	第 3 类型
第 251 窟	第 249 窟	第 285 窟
	第 249 窟	第 285 窟

表 1

第 1 类型　驼峰式山峦。其轮廓线大多以柔和的曲线来表现，每一个山峰不一定是相同的，但在连续描绘的时候，山峰的形状大体是相似的，具有波浪的特征。往往一面平滑，另一面还有两三道波形线，山头与山头相连或叠压，并分别以红、黑、白、绿、蓝等色染出，色彩在这里仅仅起装饰作用。这样的山峦形式在敦煌壁画中延续的时间最长。以第 254、251、248 等窟为代表。

第 2 类型　角型山峦。以西魏的第 249 窟、第 285 窟壁画中的山峦为代表，代替第 1 类型那种圆浑的山峰的是新型的角形山峦。这在北魏孝子棺线刻画中就可以看到这类山型的特征，比起圆形的山头来，角形表现出一定的质感特征，具有写实性的倾向。但在敦煌壁画中，常常与第 1 类型一起描绘，所以形状是没有太大的变化。晕染的方法也出现新的特征，改变第 1 类型那样沿轮廓线晕染方式，而采用水平线晕染，虽说具有表现远近感的倾向，但有一点形式化。

北魏后期，北魏皇室元荣出任瓜州（敦煌）刺史。元荣崇信佛教，文献记载他在敦煌造一大窟。敦煌西魏时代第 285、第 249 窟壁画中出现了很多新的因素，被认为是受了中原风格影响而建立的石窟[①]。角型

---

　　① 　关于莫高窟第 249、285 窟的艺术风格，很多学者都作过研究。例如，段文杰《莫高窟早期艺术》（《中国石窟·敦煌莫高窟》第 1 卷，平凡社，1981 年），宿白《东阳王与建平公》（《中国石窟寺研究》，文物出版社，1996 年），马世长《交汇、融合与变化》（《汉唐之间文化艺术的互动与交融》，文物出版社，2001 年）等。其中对于这两窟壁画都是来自中原地区新风格的影响这一点上则是一致。

山峦的出现，也可以看作是中原地区的新风格。

第 3 类型　多角型山峦。山岳的形状由三角形变为多角形，轮廓曲折，常常形成如葫芦般的形状。晕染一般是按水平线方向呈带状晕染，但常常由水平线改为波状线。这也可以说是第 1 类型和第 2 类型的进化。西魏以后开始出现，北周、隋代更为流行。第 296、299 窟（北周），第 419、420 等窟（隋）均可见到。

山岳的排列组合（表 2）

第1类型	 第251窟 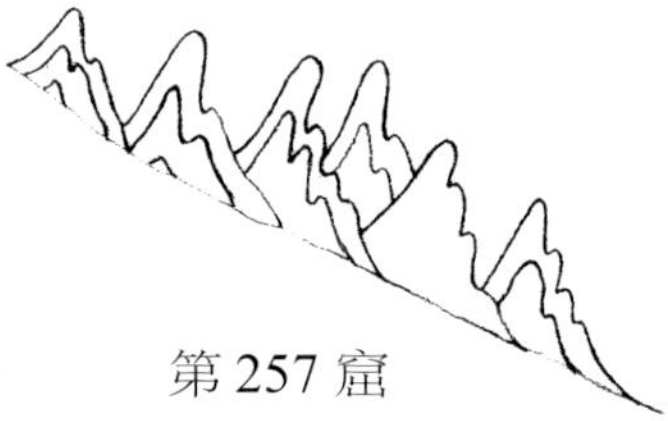	第257窟
第2类型	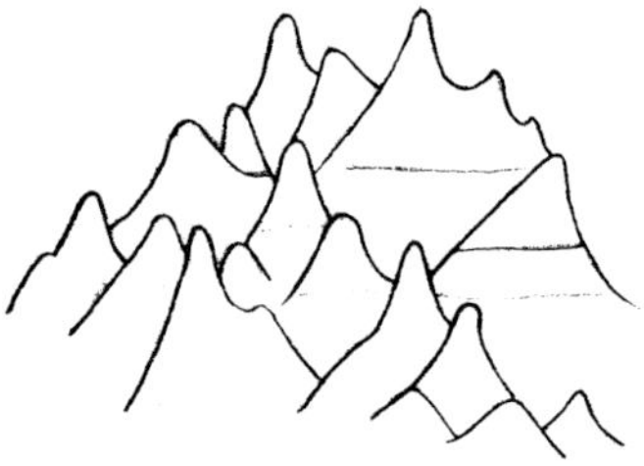 第285窟	
第3类型	第296窟	
	第428窟	

表 2

敦煌北魏到隋代的故事画中，流行长卷式画面的构图，故事画中作为背景的山岳几乎都是以横向的一列山岳来表现的。但其中也有一定的区别，北魏时代壁画中，大多表现为水平方向的山岳。虽说也有斜向排列的山峦，但山峦的排列也大体是直线形，比较单纯（表2，第1类型）。西魏第285窟南壁的故事画中，这种直线形排列的形式改变了。山峦的描绘更加自由，而且出现了通过小型的山峦的累积来表现较大山峰的方式。在山峦之中还描绘出水池和山谷。使山岳的表现由故事画中的象征性表现发展成了作为风景的山水了。也就是说画家们开始有意识地表现风景了（表2，第2类型）。

虽说以第249窟第285窟为代表的西魏洞窟出现了具有强烈中原风格的山水风景，但是这种风景并没有很快流行开来。在西魏的其他洞窟和稍后时代的北周洞窟中，还大体保持着北魏时代那种排成一线的山峦。不过虽说是一列的山峦，却不像北魏那样的直线形，而是形成曲线形上下波动。并且通过这些山峦的波状连续，把故事画的一个个场面联系起来。同时又由这些山峦的系列来分隔出一个个故事的场景（表2，第3类型）。这种山峦的形式可以看作是北周时代的特征，这种样式直到隋代仍然继续。由于敦煌地区位于中国西部边陲，汉代以来的古老传统往往被长期地保存下来，而西域文化的影响也早已存在，于是中原传来的新形式往往不能很快地流行开来①。

北周时代山岳的类型大体还是一列式山峦为主，比起风景的描绘来，画家更重视故事画内容的表现②。因此，山峦仍保持着一线排列的形式，而通过连续的山峦形成波状的形式，把横长画面中的故事画分隔成一个个场面，从中刻画具体的情节。

树木的刻画及其源流

1. 龟兹风格的植物

北魏时代的壁画中，作为风景的山峦很多，但树木的描绘却十分罕见。仅仅在第257窟的南壁故事画中有一棵树。在同窟西壁的九色鹿本生故事画中，山峦之间描绘出了一些类似草和花的植物，并没有出

---

① 关于北周的敦煌壁画风格，参见赵声良《莫高窟北周壁画风格》，《1990年国际敦煌学术会文集》，辽宁美术出版社，1995年。

② 关于这个问题，笔者在《敦煌早期故事画的表现形式》（《敦煌研究》1989年第4期）一文有过阐述。笔者认为北周时代是故事画的繁荣时期。为了更好地表现故事内容，山岳一方面作为故事的背景，一方面又承担着分隔画面的作用。所以比起写实性来，山岳在构图上的作用更受到重视。

现树木（表3）。这样的植物形象与克孜尔石窟壁画的植物纹十分相似。如克孜尔第80窟、第110窟等窟的窟顶壁画，由山岳组合成的很多菱形画面中，分别绘出本生、因缘故事画。这些山峦中就有不少植物形象。从表3中我们可以看出敦煌北魏壁画中的植物形象与克孜尔石窟的渊源关系。在印度和犍陀罗美术中，没有见到类似的植物形象，这可能是克孜尔石窟为代表的古代龟兹地区的特色吧。在敦煌壁画中，这种龟兹风格的植物也仅仅在北魏时期出现，西魏以后就很难见到了。

	莫高窟第 257 窟	克孜尔石窟
第 1 类 型		
第 2 类 型		

表 3

2. 中原风格的植物

北魏时代的树木极少，第257窟南壁故事画中仅有的一棵树（表4-1之A-1），这样的形式与中原流行的树木样式相似（表4-1之C-1，C-2）。说明这个洞窟虽然具有浓厚的龟兹风格，但中原风格的树木已经出现了。

中原风格的树木大量出现，主要在第249窟和第285窟。这两窟的窟顶及第285窟南壁的五百强盗成佛图故事画中出现了各种各样的树木，我们可以见到松、竹、柳、梧桐以及很多不能明确其种属的树木。特别是表4-1中的A-2（第285窟）的类型较多。它与表4-1中的C-1～C-4都很相似。C-1是南京附近出土的竹林七贤图画像砖中描绘的树木，最初表现的应该是松树，在北魏画像石中也很流行。C-2是洛阳出土的北魏石椁画像中的树木。C-3出自河南沁阳市出土的画像石棺（沁阳市博物馆藏），C-4出自洛阳出土的孝子棺线刻画（纳尔逊美术馆藏），以上四件在树叶上都有对松针的描绘，可以看出松树的特征，而敦煌壁画中的树木虽然在外形上与中原的树木相似，但往往没有画出松针的特点来，显得有些形式化。A3、A4（第296窟）的形象已经看不出本来的松的特征了。C-5是洛阳孝子棺画像中的树木，可以看出柏树的特征。A-5（第285窟）使人感到好像是在模仿C-5的形式，但完全变成了一种装饰性的形象，更显得形式化了。

柳树相对来说具有较强的写实性。表4-2中A-6出自第285窟南

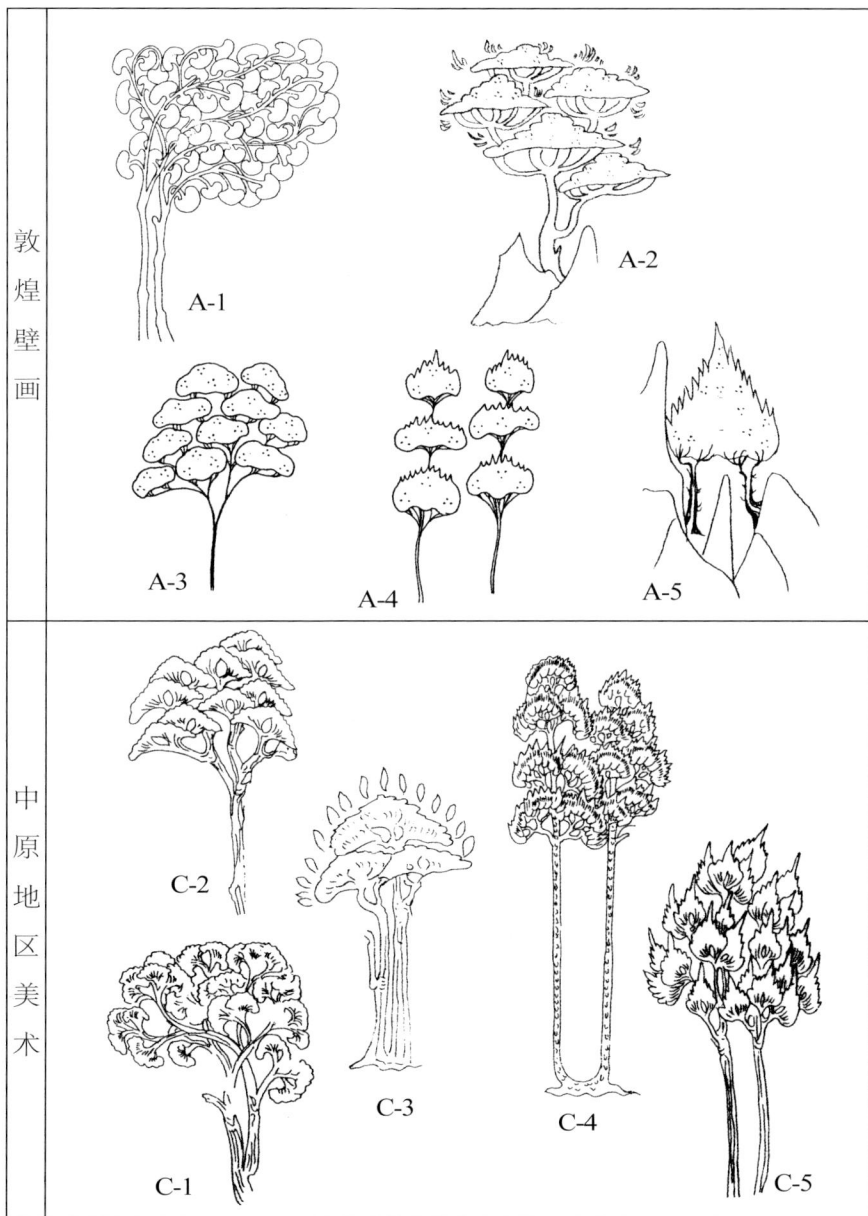

表 4-1

壁的故事画，表现出柳枝在风中飘舞的状态。比起 C-6（洛阳出土孝子棺）的形象来，敦煌壁画中的柳树更显出笔法上的流丽。但是在北周壁画中，如 A-7、A-8（第296窟）那样的形象较多，失去了第285窟那样的写实性表现。虽然北魏的画像石中也有像 C-7（宁懋石室）那样简略化的表现，但敦煌壁画中笔法的变化和色彩的晕染更向着装饰性方向发展了。A-9（第285窟）、A-10（第249窟）描绘的是梧桐。比起 C-8、C-9（洛阳孝子棺）来，显然更为简略和抽象了。

第249窟、285窟窟顶描绘的树木比较引人注目（表4-3之

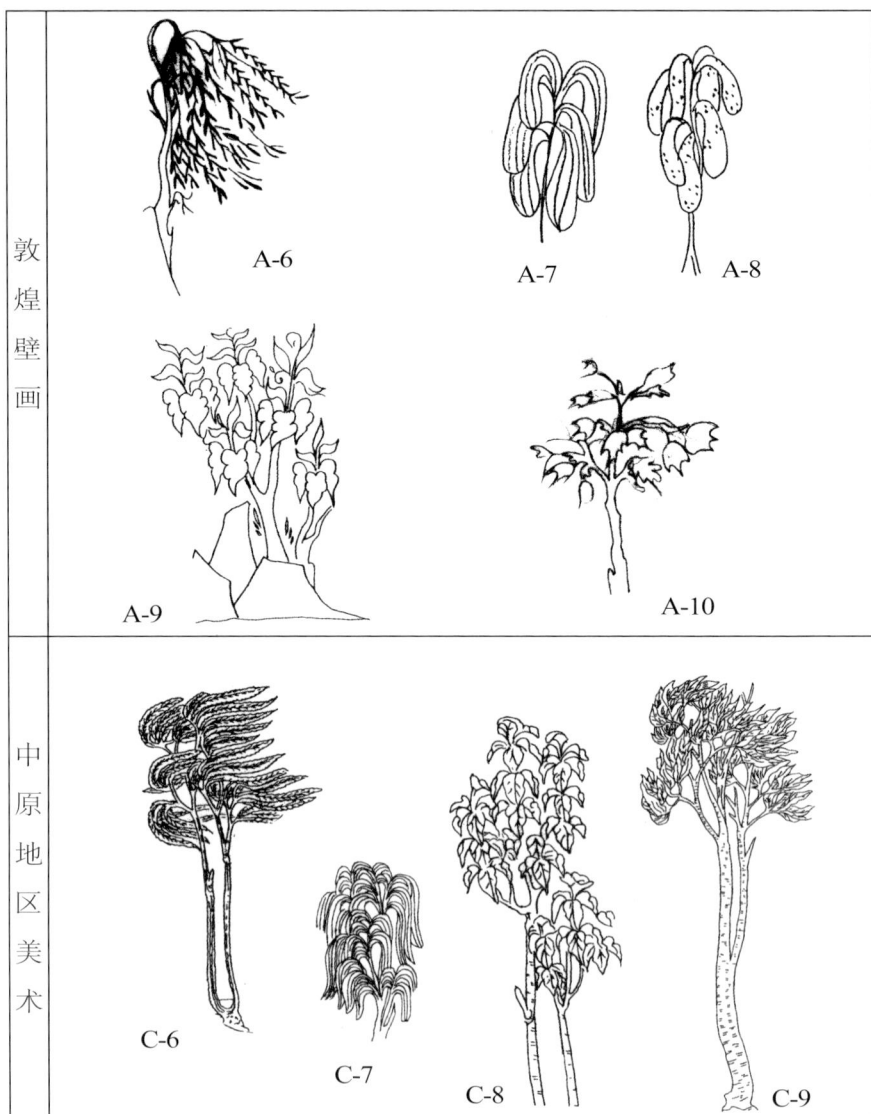

表 4-2

34

A–11 ～ A–15），这里表现的是远景的树林。在下部画出许多树干，上面的树叶如一顶大帽子扣在上面。由于山岳较小，这样的树林形式比起一棵一棵的大树来，在比例方面更为协调。这样的树林也见于北魏画像石中。C–10、C–11是洛阳孝子棺里表现的树丛。另外，C–12是龙门宾阳洞里在山峦上部雕刻出的树丛。其树丛的形式与画像石中的形象完全一样。比起雕刻中的树丛来，敦煌壁画的描绘显得更细腻而丰富，但却不是在写实方面更具体，而是在装饰方面表现得更好看了。

表 4-3

在四川成都附近出土的佛教雕刻中，也可以找出与此相似的树丛形式。如万佛寺出土的法华经变或弥勒经变的浮雕中，在山岳上部雕刻出的树丛也不是将一棵棵树木完整地描绘出来，而是作为远景中的树丛画出，下部是密集的树干，上部则如蘑菇一般的形状。此外，成都市出土的佛教造像碑，其背光的背面也有浮雕出来的树丛。从这些作例中可以看出树丛的形式在南北朝时期南北方都很流行，比起那些雕刻来，敦煌壁画中树叶描绘较细并有装饰化的倾向。

五 空间的表现

如前所述，一列山峦并列的表现形式是汉代以来的传统，北魏时代的敦煌壁画中还持续着这样的表现形式。但是，在故事画中已可看出对空间表现的尝试。在莫高窟第 257 窟南壁的《沙弥守戒自杀》故事画中，开头部分表现小沙弥剃发出家及师父给沙弥讲法的情景，背景描绘了绵延的山峦，画面上部又朝水平方向向右延伸，画出一列山峦。看来画家想通过上下位置的差异来表现远近关系，但是山的大小及颜色的处理都与近景的山峦没有区别，于是这些山峦就像悬在空中的装饰物一样（图 12）。尽管如此，这些画面已表明画家在试图表现山峦的远景与近景的空间关系了。

图 12　莫高窟第 257 窟故事画中的山势　北魏

同窟的《鹿王本生》故事画中，左侧描绘出一条大河，沿河两岸各画出一列斜向排列的山峦，画面的中部也画出几列这样斜向的山峦。与河流同样，这些山峦也表现出纵深的空间感（图13）。于是，山峦由汉代那种装饰纹样特征发展成为具有空间特征的风景了。

图13　莫高窟第 257 窟西壁　鹿王本生故事　北魏

西魏第 285 窟南壁的《五百强盗成佛》故事画中也多次出现这样斜向排列的山峦（图14）。比起水平排列的山峦来，斜向排列的山峦表现出了空间的深度，又可以把长卷画面分隔出一个个空间，有利于表现以叙事为主的佛教故事画。而通过这些山峦又把故事情节联系起来，所以在敦煌北朝壁画中得到广泛的运用。特别是北周以后，横卷式故事画高度发达，斜向表现的山列在长卷式故事画中连续起来，形成波状展开，如第 428 窟的《萨埵本生》和《须达那本生》便是代表作（图15）。这两铺故事画都是以三道横长的画面相连续，详细地表现故事情节内容。而这时的山峦不仅仅是背景，同时还有分隔画面的作用。另外，这些错落起伏的山峦从画面整体来看，还表现出一种韵律和节奏的美来，使横长的画面显得活跃而充满生气。

第 249 窟窟顶的山峦，依然表现为平列的山峦。但也可以看出画家对远近表现的努力。首先是山峰的重叠，表现出一定的深度。此外，表现动物被山峰遮住一部分，或相反，动物把山峰遮住了一部分，通过

图 14　莫高窟第 285 窟南壁　五百强盗成佛故事　西魏

图 15　莫高窟第 428 窟东壁　萨埵本生故事　北周

这样的重叠而形成一种深度。

第 249 窟山峦的色彩也表现出一定的立体感来。以同种颜色，通过深浅不同的晕染形成一种过渡。虽说也还是一种装饰性的表现，但从某种意义上来说，它表现了一种立体感。这就是古代文献上记载的"凹凸法"，《建康实录》曾记载了张僧繇在一乘寺作壁画的故事："一乘寺寺门遍画凹凸花，代称张僧繇手迹，其花乃天竺遗法，朱及青绿所成，远望眼晕如凹凸，就视即平，世咸异之，乃名凹凸寺。"由此可知南朝的画家已经学习西域那种在平面上表现出立体效果的画法。

风景中建筑的描绘也是表现空间的一种手法。北凉第 275 窟南壁的佛传故事、北魏第 257 窟西壁的《九色鹿本生》及《须摩提因缘》故事画中，建筑的表现还是平面式的特征。但在西魏第 285 窟南壁的故事画中，描绘出大型的建筑物，通过殿堂及周围的庭院，表现出了一定的空间关系。北周以后的故事画中，建筑物的表现越来越多。第 290 窟窟顶的佛传故事画、第 296 窟窟顶和南北壁的故事画中，建筑物与山水景物一起构成了一定的空间关系（图 16）。而北周的故事画中，建筑物也跟山峦一样具有分隔画面的作用。从景物与人物的比例来看，比起山峦来，建筑物与人物的关系更为协调。能使人直接感受到一种空间的关系，而且反映出一种生活的气息。从北周到隋代，建筑物的描绘在故事画中发挥着十分重要的作用。

图 16　莫高窟第 290 窟窟顶　佛传故事　北周

六　小　结

公元 317 年，东晋定都于建康（今南京市），中国的文化中心南移，南方的地理环境，促进了山水诗、山水画的产生和发展。出现了像顾恺之、宗炳、王微等山水画家。在北方，北魏孝文帝大力推行汉化政策，南方的文化艺术便大规模地影响到了北方，在洛阳发现的北魏孝子棺画像石刻中，明显地看出新的山水画表现手法。与汉画不同的是，对于近景岩石的刻画较细腻，树木的描绘也丰富多了，如果比较南京的《竹林七贤》画像砖，其中所描绘的树木在北魏孝子棺画中几乎都有表现。在敦煌北朝壁画中也出现了风景，则具有特别的意味。

敦煌是古代中国的西方门户，在敦煌石窟北朝美术中，既可以看到来自西方的样式，也可以看到来自东方的样式。在南北朝这个特别的时代，中原地区也存在着多种绘画风格，所以敦煌石窟对各种风格的接受也不是一件单纯的事。如本节所述，当时南北方的风格和样式在敦煌壁画中都可以看到。总的来说，敦煌北朝壁画中山水正如《历代名画记》所述：

> 其画山水，则群峰之势，若钿饰犀栉，或水不容泛，或人大于山，率皆附以树石，映带其地，列植之状，则若伸臂布指。详古人之意，专在显其所长，而不守于俗变也……

由敦煌早期壁画中的风景画迹可以看出，山水画在萌芽期经历了较长的探索过程。其间，东晋南朝山水画家的创作，随着中原艺术的潮流而影响到了敦煌。所以，在西魏、北周、隋代的壁画中，可以看到山水画技法上不断进步。只是在北魏末到西魏时期，虽然中原地区的山水画新风格已经传入了敦煌，但并没有马上流行开来，我们在北周壁画中就可以看到那种古老的平面性的山峦形式仍在持续。这是由于佛教壁画的主题所决定的，也正是张彦远所说的"详古人之意，专在显其所长，而不守于俗变也"。

总之，在东晋、南朝山水画家作品已经失传了的今天，敦煌壁画中保存的大量早期山水画迹便是我们探索山水画萌芽期的最好的资料。

第二节 说法图中的圣树及其源流

一 引 言

佛经中曾记载了与佛陀的诞生、修行、说法、涅槃等相关的各种树木，由于与佛陀的本行事迹相关，这些树也具有神圣的意义，而被当作圣树。如在有关释迦牟尼生平事迹的故事中，记载了摩耶夫人在无忧树下生下了释迦牟尼；释迦牟尼在菩提树下降魔成道；在庵罗树园说法；在娑罗双树下涅槃等等。这样，无忧树（别译"阿输迦树""阿叔迦树"等，学名 Saraca indica, Linn.）、菩提树（别译"贝多树""毕波罗树"等，学名 Ficus religiosa，Linn.）、庵罗树（别译"庵摩罗树"，学名 Mangifera,indica.）、娑罗树（别译"沙罗""藩落""苏连"等，学名 Shorea robusta, Gaertn.）等便作为圣树而在佛经中被加以详细渲染、描绘。

在早期的汉译佛经中，有关圣树的记载往往比较简略，甚至译名也不统一，如东汉时竺大力和康孟详翻译的《修行本起经》；三国时吴支谦翻译的《佛说太子瑞应本起经》等经中，菩提树被译为贝多树、毕波罗树等异名[①]。而到了南朝宋代的求那跋陀罗译的《过去现在因果经》，就对于释迦诞生的无忧树、毕波罗树（菩提树）加以具体的描写了[②]。隋朝阇那崛多译的《佛本行集经》中，第25卷至27卷分别为《向菩提树品》（上、中、下），用了三卷的篇幅详尽地描写释迦牟尼在菩提树下成道的前前后后过程[③]。唐代若那跋陀罗译的《大般涅槃经后分》还详细地描写了佛涅槃后娑罗树自动地覆盖在佛身上的奇迹[④]。这样的长篇铺陈，实际上就是不断地向人们提示菩提树、娑罗树等圣树的神圣性。

---

① 《修行本起经·出家品第五》，《大正藏》第三册本缘部，第470页。《佛说太子瑞应本起经》卷上，《大正藏》第三册本缘部，第476页。
② 《过去现在因果经》卷一、卷三，《大正藏》第三册本缘部，第625页，第639页。
③ 《佛本行集经》卷二五《向菩提树品》，《大正藏》第三册本缘部，第771～778页。
④ 《大般涅槃经后分》卷一《应尽还原品第二》，《大正藏》第十二册涅槃部，第905页。

中国佛教美术中对圣树的描绘也是经过了从最初没有重视，到逐渐意识，并越来越重视的过程。当然，从印度到中国的佛教艺术都没有严格地按照佛经中所记载的圣树来描绘。中原地区南北朝时期的佛教造像中，与佛传故事相关的诞生、降魔、说法、涅槃等等场面，或者没有描绘树木，或者描绘出的是中国常见的一些树木，并没有完全按照佛经记载或印度及中亚传来的圣树样式来描绘。直到北齐以后，传自印度的圣树形式才在响堂山石窟等佛教艺术中表现出来。在离西域较近的敦煌石窟北朝壁画中，印度传来的树木形式与中原式的树木形式并存，但往往在庄严的说法图中，多采用印度式的树木，而在描绘佛教故事画时，常常描绘中国式的树木。本文主要以敦煌北朝到唐代的说法图为中心①，并参照一些与佛像有关的降魔图、涅槃图等来分析圣树的类型与源流。

二 华盖式圣树的源流

敦煌壁画中时代最早的北凉第 272 窟，在北壁的说法图中，佛像身后的华盖下面描绘出树木。其形式为在下垂的树枝上，对称分布着对生树叶，树叶大体呈椭圆形，先端部分略呈尖形（图 17、图 18）。这是敦煌石窟中时代最早的树下说法图②。据贺世哲先生的研究，这两铺说法图与洞窟正面的塑像共同构成了三世佛③。

在北魏时期的第 254 窟南壁降魔变中，我们看到了圣树的另一种形式（图 19 、图 20）。关于释迦降魔成道的内容，佛经中明确地记载了释迦在菩提树下与魔军较量的情节④，因此，降魔场景中的树木，自然是可以理解为菩提树的。在壁画中，佛的上方画出了一些植物的形象，枝蔓弯曲交错，树叶互生。而由弯曲的树枝形成一个个圆形单位，并在其中画出了莲花和化生的形象。这些植物形象像华盖一样画在佛的

① 这里所说的"说法图"是根据《敦煌莫高窟内容总录》（文物出版社，1982 年）所定的内容，主要是指在壁画中表现的一佛二菩萨或包含更多的菩萨、弟子乃至天王等形象的成组的佛像。实际上说法图的内容是否都是佛说法？是什么佛说法？以及会不会还包括别的内容等都是值得探讨的问题。

② 关于树下说法图的问题，参见东山健吾《敦煌莫高窟における仏樹下说法図形式の受容とその展开》，《成城大学文芸学部創立三十五周年記念論文集》，成城大学文芸学部，1989 年。

③ 贺世哲《关于敦煌莫高窟的三世佛与三佛造像》，《敦煌研究》1994 年第 2 期。

④ 《佛本行集经》卷二十七《向菩提树品》，《大正藏》第三卷本缘部上，第 771～778 页。

图 17 莫高窟第 272 窟北壁 说法图中的圣树 北凉

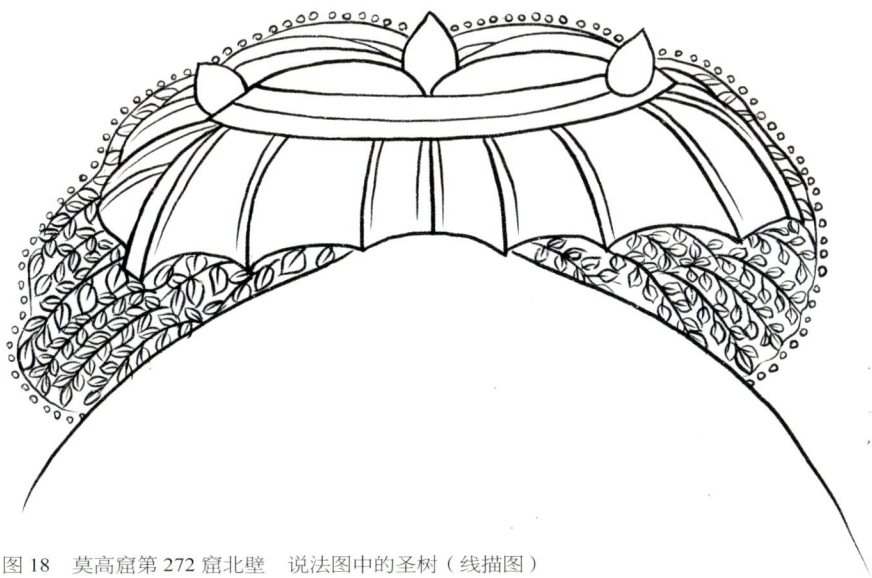

图 18 莫高窟第 272 窟北壁 说法图中的圣树（线描图）

图 19　莫高窟第 254 窟南壁　降魔变中的圣树　北魏

图 20　莫高窟第 254 窟南壁　降魔变中的圣树（线描图）

上方，显然很难说这是现实中有的树木。在这个华盖式的树冠上，至少存在两种类型的树叶，一种是树枝如藤蔓状，树叶互生的类型，这与第272窟的树叶比较接近。另一种则是绘成圆形的莲花，其中有三朵莲花中还画出人物来，显然这是表现莲花中的化生。

与第254窟时代相近的例子，还有北魏第260窟北壁的初转法轮场面，在佛的上部画出华盖式的树木。这里明确地表现出莲花的特征，也有无数的化生从莲花中生出来。不过与第254窟圆形的莲花不同的是，这里的莲花是侧面的形象。

以上我们看到早期敦煌壁画说法图中的两种圣树形式。一种是如272窟那样描绘出在树枝上对生的椭圆形树叶；另一种是莲花。它们的共同特点都是画在佛像身后的，像一个华盖一样罩在佛头上部，特别是第254窟南壁的降魔图中，没有画出华盖，圣树似乎具有与华盖同样的功能。这正是日本学者林良一称之为"华盖式圣树"的形式[①]。本文也沿用这一名称。

在敦煌以东的佛教艺术中，我们在炳灵寺石窟第169窟也看到了这样的"华盖式圣树"形式。第169窟第12号壁画为阿弥陀佛说法图，中央的佛像上部画出的圣树像一个椭圆形的华盖，虽说是树木，其实是由一朵朵圆形莲花组成的（图21），没有描绘树干。在169窟第11号壁画，以及附近的佛爷台壁画中也绘出了这样的华盖式圣树形象。限于目前的调查，在炳灵寺以东的地区尚未发现类似的圣树形式，显然，这样的形式不是传自中原。相反，我们从印度到中亚的佛教艺术中却可以找出这种圣树的作例。

在公元1～2世纪的马图拉早期佛教雕刻中，在佛像身后描绘菩提树的情形是很常见的。通常是佛身后有背光，背光的后面就要描绘菩提树，树枝较稀疏，树叶比较写实。但在笈多时代（2世纪）以后，菩提树的树叶表现得十分繁茂，装饰性逐渐加强，一件马图拉雕刻鹿野苑说法图中，佛身后的茂密的树木形成一个圆环，仿佛头光一样，带有强烈的装饰性。同样的形象在南印度纳嘎伽纳坎达（Nagarjunakonda）浮雕（3世纪）中也能看到（图22），这是在纵长形石材上雕刻的佛传故事，画面以横卷形式分成数段来描绘。在佛像的身后，圣树像一个圆形

---

① 林良一《圣树》，《仏教装飾文樣研究（植物文篇）》，同朋舍，1992年7月。

图 21　炳灵寺石窟第 169 窟　华盖式圣树　西秦

图 22　南印度纳嘎伽纳坎达出土浮雕　佛传故事　3 世纪后半叶（纳嘎伽纳坎达博物馆　藏）

的头光一样，罩在佛像的头上。从树叶的特征来看，与早期印度雕刻中的菩提树比较相似，但显然已经抽象化了。

在犍陀罗地区佛教雕刻中，没有发现如前述南印度浮雕那样的圣树。但在佛传故事的雕刻中常常有表现释迦坐在树下的场面，如刻画悉达太子树下观耕、梵天劝请、苦修、降魔等场面，都在释迦的身后描绘了树木。树木的形式大体有四种类型，

一是描绘下垂的树叶，树叶宽大而厚，树枝较少。如白沙瓦博物馆收藏的"太子树下观耕"雕刻等（图23）。释迦作菩萨装。上部有宽大的树叶垂下。但这一类型的树木在敦煌壁画中没有发现。

二有明确枝干的树木，或向下垂，或向上伸，树枝明确，树叶沿树枝两侧对称画出，呈羽状复叶形，装饰性较强。如拉合尔博物馆所藏的"降魔成道""梵天劝请"等雕刻。在表现涅槃的场面时，也常常可以看到类似的树木，这是犍陀罗雕刻中刻画较多的一种。另外，一件出土于乌兹别克斯坦 Fayaz-tepe 的佛坐像雕刻，在佛像的上部雕刻出很多树枝，每一根树枝上都有对生的树叶，树叶略呈心形，在先端部位形成尖角，显然雕刻中加强了树叶的装饰性（图24），这件雕刻中树木的表现显然具有犍陀罗雕刻的特点，同时，又与南印度菩提树的形象十分相似。值得注意的是这样的类型在中国新疆东部一带也还可以看到，如吐鲁番地区的吐峪沟第12窟和奇康湖石窟第4窟的说法图就有与 Fayaz-tepe 雕刻完全一致的圣树形象 [①]，只是在这里不是雕刻而是通过壁画描绘出来的（图25）。莫高窟第272窟北壁的圣树接近于这个类型。但是，在印度和中亚的美术中，圣树以外并没有再描绘华盖。而在莫高窟第272窟北部的壁画中，除了圣树以外，又画出了华盖，形成了敦煌壁画中华盖式圣树的特点。

第三种树叶呈掌状复叶，通常由五叶一组，围绕着中心的果实或花。由于美术品不是完全写实的，所以，由树叶组成的单元，有时也与盛开的花朵相似，有时也分不清是花还是树叶，这种暧昧的表现，大约也影响到了中亚一带的壁画（参见表1，G-1）。

---

① 《新疆石窟·吐鲁番伯孜克里克石窟》图版第150～152，新疆人民出版社、上海人民美术出版社，1992年。

图 23 　犍陀罗雕刻　太子树下观耕　2～3 世纪（白沙瓦博物馆　藏）

图 24　乌孜别克斯坦 Fayaz-tepe 出土的佛像　2~4 世纪（乌孜别克斯坦博物馆　藏）

图 25　吐鲁番奇康湖石窟第 4 窟　圣树（线描图）

第四种呈花的形式，花心有丰富的花蕊（表1，G-2，G-3）。这样的画面在犍陀罗雕刻佛传故事中的"芒果园布施"场面中表现最多（图26），比较印度巴尔胡特雕刻中的芒果树形，这里的花的形状与之有某种渊源关系。

犍陀罗	G-1	G-2	G-3
巴米扬石窟	B-1 第620窟	B-2 第388窟	

表1

第三、四两种类型对新疆克孜尔石窟壁画具有重要的影响。在新疆克孜尔石窟壁画中，菱格形本生和因缘故事画是最为流行的表现形式之一。而其中的因缘故事画通常是以佛为中心，表现出不同的故事内容。其中在表现坐佛时多在佛上部描绘树木。其形式是在佛的背光上部，在一个椭圆形的树冠构成中描绘密集的树叶或花。没有描绘树干，与犍陀罗雕刻中的表现是一致的。如在克孜尔石窟第38窟、第80窟、第110窟等窟的说法图和因缘故事画中表现佛像的地方，大都画出了华盖式圣树（图27）。壁画中几乎没有画华盖，所以圣树也起到了与华盖同样的作用。芒果树的类型不仅对克孜尔石窟产生了重大的影响，而且对敦煌壁画中的圣树也具有深远的影响。

以上，从印度、中亚到克孜尔、敦煌乃至炳灵寺石窟壁画中圣树的例证，大体上反映了这种华盖式圣树的源流。当然在由西向东发展中，途中不断地被改变，圣树也逐渐地形成了一种形式化的构成，而其中的树叶或花的形象与印度本来的形式已经有了很大的差别，如在敦煌第260窟南壁和炳灵寺石窟第169窟的壁画中，树上画出的是莲花，而在克孜

图 26　犍陀罗雕刻　芒果园布施

图 27　克孜尔石窟第 38 窟　因缘故事画

尔石窟，其实并不完全是莲花形，它的内容要复杂得多。

另外，莫高窟北凉至北魏的石窟中，菩提树的形式较多，除了第272窟外，在北魏一些中心柱窟中，往往有一些树形龛，这种在龛外两侧相对分别画出或浮塑出一棵树，构成的树形龛，最早出现在北凉第275窟，该窟南北壁东侧的树形龛于龛外两侧分别浮塑出树形，树的枝叶如忍冬纹一样，具有图案的特征，并不是写实的表现，无法辨识其树的类型。北魏以后中心柱窟中的树形龛，树木都以壁画的形式画出，如第248、251、435、437等窟，树形与第272窟相似，树的枝干完整，树叶为椭圆形，沿树枝两侧长出，呈羽状复叶形，树枝较长。总的来说属于菩提树的形式。除了第251窟的双树龛外，其他3窟的双树龛内都塑苦修佛像，其内容可能与释迦修行有关。这样的树形龛形式，在敦煌以外的石窟中也很少见到。也许是敦煌的艺术家对华盖式圣树的改变。

三　芒果树形式的变化

敦煌北朝圣树的形式中，值得注意的是芒果树的形式。虽然在北魏时期描绘的还不多，但在西魏和北周石窟中，逐渐成为了说法图中圣树的主要形式。如前所述，在克孜尔壁画中也较多地描绘出芒果式树木，而在中原地区北朝的美术品中，同样也可以看到芒果树的形式。

印度、中亚地区的芒果圣树

芒果树自古以来在印度深受人们的喜爱，古印度人认为芒果象征着繁荣与多产，所以芒果树在古代印度美术中表现得极多，佛教中也把芒果树作为一种神圣的树来看待，被称为学林园之树。汉译佛经中把芒果树翻译为"庵罗树"或"庵摩罗树"，很多佛经中记载佛说法图的场所就是在芒果园。如《佛说维摩诘经》就明确记载了佛在庵摩罗树园说法的情景[1]。《长阿含经》和《游行经》中，还记载了淫女庵婆婆梨向释迦献出庵罗园（芒果园）作为供养的故事[2]。《过去现在因果经》有释迦

---

[1]　《维摩诘所说经》卷第一，鸠摩罗什译，《大正藏》第十四卷，第537页。
[2]　《长阿含经》卷第二，佛陀耶舍共竺佛念译，《大正藏》第二卷，第13页。

以芒果示迦叶的故事①。芒果树在古代印度艺术中出现较多，如山奇大塔第一塔东门的雕刻，刻画出药叉女攀着一棵叶厚果肥的芒果树，表现得十分具体和写实（图28）。此外在表现佛传的雕刻中，也有很多场面雕刻出芒果树。在马图拉及巴尔胡特等地的雕刻中也常常能见到类似的雕刻，如一件表现在芒果树下女性像的马图拉雕刻，在一位手托盒子的妇女身后，雕刻出几朵盛开的芒果花（图29）。类似的芒果树在印度和中亚雕刻中逐渐形成了形式化的表现，装饰性不断加强。本来芒果树多为果实朝下，叶子在上的形式，而在开花的时候，则是花在上，叶子在下的形式。在有的雕刻中，也刻画出果实在上，叶在下的形式。这样，上部表现花蕊，下部表现呈圆形聚集的叶，有时树叶会被误认为是花瓣。

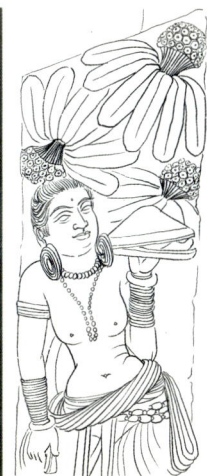

图28　印度山奇大塔第一塔东门雕刻　药叉女与芒果树　前1世纪　　图29　马图拉雕刻　芒果树下的药叉女

　　在犍陀罗地区的佛教雕刻中，芒果树也是刻画较多的植物，特别是佛传的雕刻中，也常常表现"芒果园供养"的场面。此外如"四天王奉钵"的场面中，也往往刻画出芒果树的形象（参见表1，G1～G3）。在中亚地区，时代较晚的巴米扬石窟中，我们也找到了这种来自印度的圣树形式②。巴米扬石窟西大佛（第620窟）西壁的壁画中，佛像身后画出的圣树是上部表现花蕊，下部呈伞状分布的花瓣（表1，B-1）。

①　《过去现在因果经》卷四，求那跋陀罗译，《大正藏》第三册，本缘部，第647页。
②　巴米扬石窟于2001年遭到阿富汗塔利班政权的破坏，这些壁画是否已经全部被毁尚不清楚，本文主要依据樋口隆康《BAMIYAN》《京都大学中央アジア学術調査報告》第一卷图版篇（壁画），同朋舍，1983年2月所载图版。

另外在巴米扬第388窟壁画中，也画出了华盖式圣树，花的形式中央为花蕊，周围分布着花瓣（表1，B-2）。

克孜尔石窟的芒果圣树

在克孜尔石窟中，除了说法图以外，以佛像为中心的菱格式因缘故事画以及方形构成的佛传故事画中，几乎都在佛像的后面画出了华盖式的圣树。这些圣树的形式丰富多彩，大都是以一朵一朵的花朵组合而成的，形成华盖式圣树。随着时代的不同，树叶（或花）的种类有一定的变化，最初有二三种，其后越来越丰富，克孜尔石窟第二阶段的石窟中，圣树的种类最为丰富[①]。到了晚期，圣树的描绘减少，有逐渐被塔所代替的倾向。下面将克孜尔石窟壁画中的圣树形式分三组叙述。由于华盖式圣树整体的形式是一致的，它们之间的区别主要在于树叶或花的特征，参见表2。

第一组，以第38窟壁画为代表的圣树。本窟主室的圆券形顶上描绘出菱格中的本生、因缘故事，其中大多在佛像后面画出华盖式的圣树。圣树的花为圆形团花，其中又可分为三种，如表2的K-a1,K-a2,K-a3。中央画出圆形的花蕊，周围画出五瓣、六瓣或更多的花瓣向四周呈放射状分布，K-a1的中央部以白色的点表现花蕊，周围以较大的圆点来表现花瓣，由于壁画变色，花瓣的具体形状难以辨认。K-a3与K-a2都是花瓣较多，表现的是花的正面形状的类型，K-a3由花心伸出三支花茎，表现花蕊。

第二组，以第80窟为代表的圣树形式。第一组的形式还部分地保存着，如K-b1为正面的团花形式，把花瓣的先端画得稍微弯曲，形成一定的弧度，花瓣都朝一个方向倾斜，花就好像风车一样具有旋转的动态。炳灵寺第169窟的花朵与这一类型相似。另外如K-b2为花瓣伸展开来，如叶的形式。K-b3~b5为侧面的形象。K-b6上部表现花，下部表现叶，从下部的叶来看，很像莲花的形象。这是一种新的形式。

第三组，以第110窟、第171窟、第76窟为代表的壁画。花的纹样十分丰富，而同时又形成了一定的统一性。即类似芒果的花形越来越

---

① 关于克孜尔石窟的时代，中外的学者们有不同的分期研究，本文采用宿白先生《克孜尔石窟的形成分区及年代》（《中国石窟·克孜尔石窟》第一卷，平凡社，1983年）的分法。

第一组	K-a1 第 38 窟	K-a2 第 38 窟	K-a3 第 38 窟
第二组	K-b1 第 80 窟	K-b2 第 80 窟	K-b3 第 114 窟
	K-b4 第 80 窟	K-b5 第 80 窟	K-b6 第 80 窟
第三组	K-c1 第 98 窟	K-c2 第 101 窟	K-c3 第 76 窟
	K-c4 第 171 窟	K-c5 第 110 窟	K-c6 第 60 窟

表 2

流行了。K-c1~c3 的形式最为流行，K-c4~c6 的形式都是上部画出花蕊，下部画出花瓣，表现盛开的花形。但在更多的场合，花蕊并不都是伸长出来的，如果仅看 K-c2 的形式，很容易使人认为是莲花的形象。比较印度和中亚的圣树形式，可以看出 K-c1~c6 这一组在克孜尔最为流行的形式，实际上来自印度和中亚佛教艺术中的芒果树形象。

在古代印度的雕刻中，芒果圣树的刻画是非常写实的，刻画出下垂的芒果和向上翘起的树叶，以及有较大花瓣的芒果花。而到了中亚犍陀罗的雕刻中，芒果的形象开始出现了抽象化、装饰化的特征。古代龟兹地区的画家们没有直接见到芒果树的机会，于是壁画中描绘的芒果树不仅进一步形式化了，而且还形成了各种各样的新的"芒果树"造型。但无论如何，从花形的特征来看，基本上还是保存了来自印度的芒果系圣树的基本特征，同时也为我们认识敦煌壁画中同类圣树形式提供了标尺。

敦煌石窟的芒果圣树

北魏时期的敦煌石窟中，尚未出现芒果系圣树之例。到了西魏、北周时代，敦煌壁画中开始出现了完全与西域一致的芒果系圣树。在西魏第 288 窟南北壁的说法图中，分别描绘出华盖式圣树，花的形式中央是由细小的白点组成的花蕊，下部为花瓣（表 3，D-b1）。这与马图拉雕刻中开花的芒果树类型很接近，与克孜尔石窟的图 K-c4，K-c5 的构成也是一致的。同是西魏时代的第 285 窟的北壁和东壁都画出了很多说法图，北壁的 8 铺说法图中为中原式的树木。与之相对东壁门两侧的说法图则完全是印度式的芒果系圣树（图 30、图 31）。其类型与克孜尔的 K-c3 类型比较近，中央部分好像是花蕾的样子，周围分布着树叶（表 3，D-b2）。同时期的第 249 窟南北壁说法图中，在佛像的华盖下面同样画出了与第 285 窟东壁相似的圣树，虽然不像后者那样枝繁叶茂，但花的形状是完全一致的。

北周第 428 窟是表现与佛传相关情节及说法图较多的一个洞窟，圣树的描绘也是很有意味的。这个洞窟的中心柱四面的龛外都用树枝作出了真实的圣树，由于树叶早已失去了，仅剩下树干，从壁上留出的空白壁面，我们也可以推知当初曾布置了茂密的树木作为装饰，这样用真实树木作装饰，是莫高窟唯一的一例（图 32）。敦煌石窟壁画中最初

北魏	D-a1 第 260 窟	
西魏	D-b1 第 288 窟	D-b2 第 285 窟
北周	D-c1 第 428 窟	D-c2 第 428 窟

表 3

图 30　莫高窟第 285 窟东壁　说法图中的圣树　西魏

图 31　莫高窟第 285 窟东壁　说法图中的圣树（线描图）

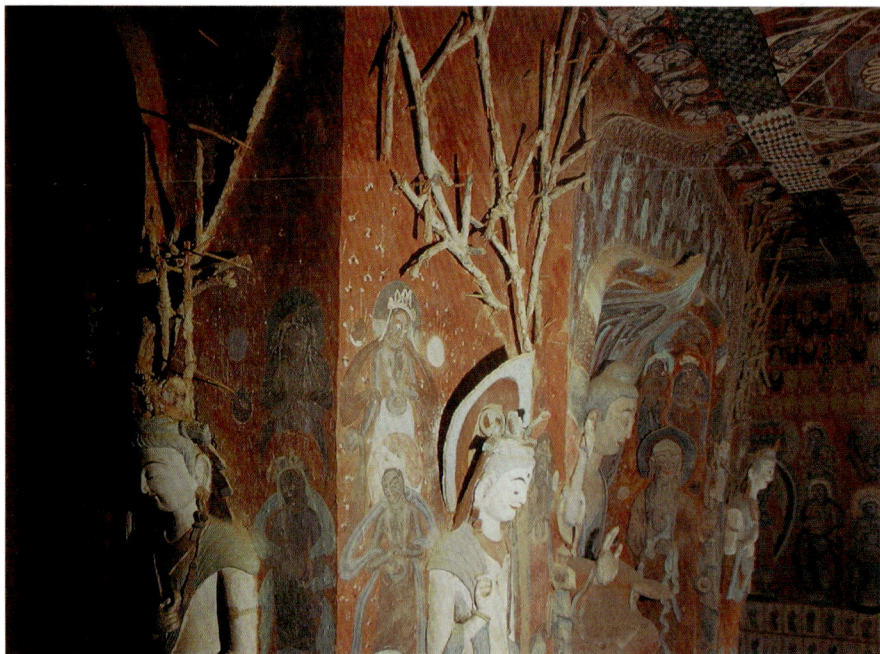

图 32　莫高窟第 428 窟中心柱的圣树装饰　北周

很少画树木，后来逐渐在说法图中描绘树木，到北周发展到以大规模真实的树木装饰在佛龛外，说明开窟者越来越重视圣树的表现了。同窟四壁说法图及佛传中都描绘了圣树，西、南、北三壁的说法图和佛诞生、涅槃等场面中，树木多画成芒果系圣树，这种印度式的圣树占了7例，特别是如卢舍那佛、释迦涅槃等重要场面中都是印度式的圣树，而在别的说法图中，有4例画了中原式圣树，其中2例是在人字披下面的小型说法图内。

值得注意的是，第288窟、285窟和第249窟都是北魏末西魏初期，在中原艺术之风的影响下建成的洞窟，特别是第285窟有西魏大统三~四年（538~539）的题记，在窟顶还画出了中国传统的神伏羲、女娲的形象，东壁和北壁的说法图中，表现出中原风格的褒衣博带式佛像，南壁故事画也描绘出传自中原的山水人物形象。为什么在这样具有浓厚中原风格的石窟壁画中，却画出了来自印度的芒果式圣树？让我们先考察一下中原地区美术中圣树的作例。

中原地区的芒果系圣树

没有见到过芒果树的中原画家们，由于没有理解圣树的来源，虽然是按照西域传来的图样进行描绘，但却画成了莲花的形式。当然莲花也是佛教里的重要植物，而且莲花化生是进入西方净土世界的必由之路，于是把莲花画在佛像的身后，也不是不可思议的事情。炳灵寺壁画中的华盖式圣树实际上表现的是莲花，而在敦煌第260窟说法图中，也可以看出莲花的特征。总之，莲花华盖式圣树反映了敦煌以东佛教艺术在接受西域样式的初期阶段。

北魏晚期到东魏、西魏时代，中原的佛教艺术中很少出现圣树，如云冈石窟和龙门石窟的雕刻中，除了一些树下思惟像以外，几乎没有刻画圣树。如云冈石窟第10窟前室东北部交脚菩萨的两侧各有一身树下思惟菩萨像，树木的种属不清楚，树枝自由地伸展，在枝干的尖端刻出圆形的树叶，从树叶上的线条来看，大约表现的是松树。第6窟的佛传故事中，树下诞生场面，表现的是摩耶夫人在无忧树下生下释迦牟尼的情节，但雕刻中表现的是象征性的树木，与第10窟树下思惟场面中的树一样，只是一种象征性的表现。在第5窟拱门的东壁树下禅定佛身后刻画的也是同样的树木。

在云冈石窟没有出现像克孜尔石窟那样的华盖式圣树形式。但在有些地方也刻画出克孜尔壁画中的芒果花纹样。如第5、6、9、10等窟的一部分佛龛上部帐形龛楣上的方格内，往往表现一些团花纹样，大部分是莲花纹。但有一些变化，如第11窟佛龛上部，有一处表现侧面盛开的莲花形，就与克孜尔石窟壁画中的芒果十分相似。

同样之例，在北魏时期的龙门石窟也可以看到。如古阳洞、莲花洞等窟的佛龛上部，往往刻出一些莲花纹样，有正面的莲花形象，呈团花形式；也有侧面形象，以及莲茎很长，形成了"莲花树"的形式。如路洞中浮雕的供养人多持长茎莲花作供养。

莲花纹在南朝美术中较早地出现。如江苏丹阳出土的羽人画像砖就刻划出很多形式的莲花纹。河南邓县出土的南朝画像砖也有在飞天的周围描绘莲花的，莲茎较长，往往表现莲花的侧面形象。

从云冈石窟和龙门石窟的情况来看，由于佛龛变成了中国式的屋形龛或帐形龛，西域式的华盖式圣树就不需要了，华盖也描绘得极少。可是作为纹样，在一定程度上还是从西域有所借鉴。但相比于芒果花，更多的是莲花，或者尽管借用了芒果树，但仍作为莲花来看待，这也许是当时中国的艺术家们对芒果花的误解吧。而实际上，至少在北魏时期，芒果树的形式已在中原地区出现了。波士顿美术馆所藏的出土于洛阳的北魏孝子棺石刻画中，就有芒果树的形象（表4，C-a1），此外在纳尔逊美术馆所藏的北魏宁懋石室线刻画中，也描绘了同样的树木（C-a2）。日本天理资料馆所藏的北魏画像石，也可看到芒果树（C-a3）。实际上，北魏画像石中的大部分植物是来自南朝的影响，对照南朝的《竹林七贤与荣启期砖画》就可以看出。但其中往往又出现了芒果树的形象，这部分芒果树（或类似芒果树）并非传自南方，乃是随着佛教艺术自西域传来的。只是由于当时的画家们并不了解芒果树的情况，仅仅是从形式上模仿，有时便与莲花的形象混同了，如天理资料馆的芒果树形就与莲花的纹样相似。由于莲花很早就在中国流行了，而芒果的花形（经过西域地区形式化了的形象）又多少与莲花的侧面形象有点相似，于是中原的画家们在吸取芒果花形时，就不免要画成莲花形了。

莫高窟第285窟是中原风格影响较强的石窟，在此窟东壁中原式

| 北魏 | C-a1 北魏孝子棺 | C-a2 北魏宁懋石棺 | C-a3 北魏石棺 |
| 北齐 | C-b1 佛画砖 | C-b2 响堂山石窟第 1 窟（弗里尔美术馆） | C-b3 北齐石屏风（吉美博物馆） |

表4

的说法图中描绘出的芒果系圣树应是来自中原的样式。虽说在中原北魏的石窟中还没有流行芒果圣树，但北魏孝子棺等石刻画中已表现出了芒果系树木，表明芒果树的画法已在民间广为流行了。中原现存石窟中，响堂山石窟北齐时代第 1 窟的净土图中在佛像的两侧刻画出芒果系的圣树（表4，C-b2）[1]。这样的形式已经是十分成熟的芒果树形式了。值得注意的是在法国吉美博物馆所藏的北齐石雕《粟特人的新年祭》（图33，表4，C-b3），画面中也有完整的芒果系圣树的形象[2]。在德国科隆东洋美术馆所收藏的另外一件表现粟特人的雕刻石阙中[3]，也能看到这样的圣树形象。西安市发掘的北周安伽墓的石刻中[4]，我们也看到了类似的芒果系树木。说明不仅是北齐，在北周也同样有芒果系树木的表现形式。而在太原出土的隋代虞弘墓中表现粟特人生活的浮雕[5]，也同样有芒果树的形象。以上北齐北周到隋初的石雕，都是表现与西域民族粟特人有关的内容，而作为背景的树木几乎都是芒果系树木，大约在中原地区的艺术家们看来，芒果树来自西域，是象征西域风情的植物吧。

---

① 这组石刻流落美国，现藏弗利尔美术馆。
② 参见《シルクロード大美術展》（图录），读卖新闻社，1996 年。但关于这件石刻的名称，书中并没有说明其依据。《世界美术大全集·东洋编·隋唐卷》（小学馆，1997 年）中也刊出了这幅图片。
③ 参见《ケルン东洋美術館展》（图录），东武美术馆，1997 年。
④ 陕西省考古研究所《西安发现的北周安伽墓》，《文物》2001 年第 1 期。
⑤ 山西省考古研究所等《太原隋代虞弘墓清理简报》，《文物》2001 年第 1 期。

图 33　粟特人的新年祭　北齐　（吉美博物馆　藏）

　　中原的画家们没有机会见到实际的芒果树，他们是根据西域艺术（如克孜尔石窟等）中的树形来理解的。也就是说中原画家们所接受的仅仅是芒果树的绘画形式。与此同时，对于莲花的形状的认识，也会影响着对树木的刻画。北魏孝子棺上已经出现了芒果树形式，说明在北魏时期，外来的芒果树形式已被中原的画家们所接受并用于风景表现。不过最初仅仅是作为一般的植物来描绘，还没有作为圣树来认识。到了北朝后期和隋代，芒果树作为圣树会在说法图中渐呈流行的倾向。

四　小　结

从各种佛经中我们知道释迦的出家、成道到涅槃的过程中，有很多重要的故事都与菩提树、芒果树、娑罗树等圣树有密切的关系，可是在克孜尔到敦煌的佛教美术中描绘出来的圣树，却是以芒果树最为流行。印度式的菩提树及娑罗树在这里似乎并不流行。这到底是什么原因呢？

从印度、中亚传来的美术品中作为圣树的不仅仅有芒果树，但比起别的树木来，芒果树的形象较为特别，给人以强烈的外来特征。正如描绘佛像时，要表现出佛的超越常人的像容一样，对于圣树的描绘当然也要表现出不同寻常的树木。所以，中亚及敦煌见不到的芒果系树木形式就作为佛教圣树而流行起来了。

印度的佛教美术最初可能是按照佛经所记来表现圣树的。后来在造型上形成了独特的形式，为了表现佛的庄严和神圣，多追求装饰性的效果，渐渐地与佛经的记载相脱离，离本来的树木越来越远。在山奇大塔和巴尔胡特雕刻的佛传故事中刻画的圣树已经开始有形式化的倾向。到了中亚犍陀罗地区，菩提树等圣树更进一步形式化了。莫高窟第272窟北壁说法图中的圣树大体虽然可以看作是印度式的菩提树，但实际上与印度美术相比较，还是有很大的差异。克孜尔石窟壁画则主要流行芒果树形。这本来并非龟兹地区的树木，而是作为外来的形式吸收进来的，然后由龟兹地区又向东传播。

这里值得注意的是西魏时期敦煌壁画中所出现的芒果式圣树并非直接传自西域，而是由中原传入的。中原地区接受了芒果式圣树，然后在一定程度上流行了以后，又伴随着一些中原风格的因素，一起传到了敦煌。虽说现存的北魏佛教美术中芒果式圣树还不多见，但在画像石中表现普通人生活的场面中也能看到芒果式树木，说明这种树木形式确已流行开了。而北齐、北周乃至隋代中原地区制作的表现粟特人的雕刻中大多刻画出芒果树，这反映了当时人们的一种认识，即认为芒果树这一独特的树木是与西域民族有着密切关系的，或者是西域地区的代表性树木。

第三节　圣树的变容与中原文化

一　引　言

北朝以来，在说法图中描绘圣树的情况逐渐流行起来。至隋唐，圣树成了佛说法场面中必不可少的景观了。而与此同时，圣树的种类也越来越丰富，除了来自西域的芒果系圣树外，中原风格的圣树也较多地出现在佛教说法图中，本节将探讨中原式圣树在敦煌壁画说法图中的流行及其文化含意，同时论述隋唐时代的说法图中圣树流行的倾向。

二　中原圣树样式及其影响

北魏晚期至西魏时代的敦煌壁画中，在西域样式产生深入影响的同时，来自中原的艺术风格也影响到了敦煌，形成了各种风格形式纷呈的局面。第285窟这个有着西魏大统四年、五年（538、539）明确纪年的洞窟，北壁的八铺说法图中，每铺说法图都画出了圣树，佛像的形象及服饰的样式也同样，佛身后的树木也同样是中原风格，这些树木树叶大体呈蘑菇型（图34），多少有点形式化了，并不十分写实，很难确认是什么树。

这里有必要考察一下中原式树木本来的样式。中原地区早期开凿的石窟及造像中，作为圣树的树木出现较少，北魏以来在石窟或造像碑中流行的树下思惟像，大多树叶呈扇形，或蘑菇形，与传为顾恺之的《洛神赋图》中所描绘的树木十分相似。如在河北及山东出土的树下思惟石造像以及云冈石窟、龙门石窟中树下思惟像的雕刻，都是这样的树木。仅从树叶的形状特点来看，具有松树的特征。南北朝时期刻画树木较多的美术作品，如南京出土的《竹林七贤与荣启期砖画》，共描绘了10株树，其中能明确辨别的有柳（2株）、梧桐、松、槐等，其余则树叶类似银杏叶或蘑菇形（图35）。在北魏孝子棺画像石中，我们也可以看到松、柳、竹等树木。大部分蘑菇状树叶的植物，很难确认是什么树木，由于中国古代的绘画并非完全的写实，往往形象比较概括，在北魏刻画较细腻的孝子棺画像石刻中，蘑菇状树叶的植物可能也包含了松

图 34　莫高窟第 285 窟北壁　中原式圣树（线描图）

图 35　竹林七贤与荣启期砖画　南朝　（南京博物院　藏）

树的形象。另外，在一件北齐的砖雕佛像中，也能看到外形为蘑菇状的树叶，其中画出密密的线条，恐怕把它看作是松树更为合适（图 36）。真实的松树，树叶外形有参差不齐之感，但在绘画中往往先画出扇形轮廓，然后在其中画出一丝一丝密集的松针。由于时代久远，石刻风化模糊，壁画的变色、脱落等原因，那种细腻的表现看不出来了。

　　以下我们从《诗经》等古代文献中来考察古代中国人所喜欢的植

图 36 北齐画像砖 （弗里昂美术馆 藏）

物。包括《诗经》在内的儒家的"四书""五经"是汉代以后中国的文化人所必读的书籍，它对中国人的审美意识产生着十分深远的影响。喜欢什么植物当然会因人而异，但在较长的时期，一个民族的文学、美术中经常性地表现某些植物，这就不仅仅是兴趣与爱好的问题，而是反映了民族文化传统的一种特征。

松树

这是中国人最喜爱的树木之一，早在春秋时代就见于《诗经》等文学作品中，如《诗经·小雅·天保》：

如月之恒，如日之升。如南山之寿，不骞不崩。如松柏之茂，无不尔或承。[①]

《诗经·小雅·斯干》：

秩秩斯干，幽幽南山。如竹苞矣，如松茂矣。兄及弟矣，式相好矣，无相犹矣。[②]

此外在《诗经》中还有不少描写松木做的船、作为宫殿建筑材料等内容，表明了中国古代很早就认识和利用了松树，并赋予它兴旺、繁荣、坚强等性格的象征。孔子说："岁寒然后知松柏之后凋也。"[③]汉代以后，松树在人格上的象征意义成为了不少文人诗文所吟咏的对象。如三国时代著名的"建安七子"之一刘桢的《赠从弟》：

亭亭山上松，瑟瑟谷中风。风声一何盛，松枝一何劲。冰霜正惨凄，终岁常端正。岂不罹凝寒，松柏有本性。[④]

在绘画中较多地描绘松树也是反映了中国人传统的审美心理。而中国人所熟悉的松树也随着中原艺术风格而传入了敦煌石窟。敦煌壁画中北朝便已出现松树的形象，到了隋代描绘的更多，特别是说法图中就有不少直接以松树来作为圣树表现的，如第276窟南北壁的说法图就是如此（图37）。

---

① 《毛诗正义》卷九，清阮元校刻《十三经注疏》上册，中华书局1980年影印本，第412页。
② 《毛诗正义》卷十一，清阮元校刻《十三经注疏》上册，中华书局1980年影印本，第436页。
③ 《论语注疏》卷九，清阮元校刻《十三经注疏》下册，中华书局1980年影印本，第2491页。
④ 丁福保编《全汉三国晋南北朝诗》，中华书局，1959年，第186页。

图 37　莫高窟第 276 窟　松树　隋

柳

杨柳在古代有时作杨，有时作柳，有时也称柽，也是中国人十分喜爱的树木之一，在《诗经》中我们也可以找出关于杨柳的不少诗歌。如《诗经·小雅·采薇》：

昔我往矣，杨柳依依；今我来思，雨雪霏霏。①

又如《诗经·小雅·南山有台》：

南山有桑，北山有杨。乐只君子，邦家之光。乐只君子，万寿无疆。②

柳树生命力强，很容易成活，成为人们日常生活最为常见的树木，在《诗经》中多以柳树来作比兴。西晋葛洪《抱朴子》云："夫木槿杨柳，断植之更生，倒之亦生，横之亦生，生之易者，莫若斯木。"③汉代以后，柳树也常见于文人的诗文作品中。南北朝以来，杨柳成为人们喜爱的树木之一，如东晋文人陶渊明隐居时，在屋外种五棵柳树，并自号"五柳先生"。当时还以柳树来形容人长得美丽，如《晋书》记载，时人称赞王恭："恭美姿仪，人多爱悦，或目之云：濯濯如春月柳。"三国时代诗人曹植曾作过《柳颂》，六朝以山水诗著称的谢灵运在《登池上楼》诗中也咏唱柳树：

池塘生春草，园柳变鸣禽。④

据北魏贾思勰《齐民要术》、梁宗懔《荆楚岁时记》等书的记载，古人还有正月在家门口插杨柳枝以避恶鬼的习俗。

莫高窟西魏第 285 窟，北周第 296 窟、301 窟等窟的故事画中均出现了柳树，到了隋朝，则不仅在故事画中，还作为圣树大量出现在说法图中，如第 311 窟说法图（图 38）。

梧桐

也是人们生活中十分熟悉的植物，古代文献中称"梧"或"桐"。多用于作琴等乐器。虽然梧桐的材质较软，也不像松和竹那样深受赞

---

① 《毛诗正义》卷九，清阮元校刻《十三经注疏》上册，中华书局 1980 年影印本，第 414 页。
② 《毛诗正义》卷十，清阮元校刻《十三经注疏》上册，中华书局 1980 年影印本，第 419 页。
③ 《太平御览》卷九五七，木部六，杨柳下。中华书局 1985 年影印本，第 4247 页。
④ 丁福保编《全汉三国晋南北朝诗》，中华书局，1959 年，第 638 页。

图 38　莫高窟第 311 窟北壁　柳树下的说法图　隋

誉，但由于梧桐与凤凰有着十分密切的关系，所以，它也成了中国古代一种较为神圣的树木。

《诗经·大雅·卷阿》：凤凰鸣矣，于彼高冈。梧桐生矣，于彼朝阳。萋萋萋萋，雝雝喈喈。[1]

《庄子》：（凤凰）"发于南海而飞于北海，非梧桐不止，非练实不食。"[2]

后汉应劭《风俗通》："梧桐生于峄山阳岩石之上，采东南孙枝为琴，声甚清雅。"

贾思勰《齐民要术》："梧桐，山石间生者，为乐器则鸣。"[3]

梧桐作为阔叶树木的特征较明显，树叶分出五至六外角形，在敦煌壁画中，不论故事画中还是说法图中都大量采用，如在西魏第285窟、北周第296窟、隋朝第302窟、419窟、420窟、276窟等等。

竹

也是常见于文献记载的与人们的生活密不可分的一种植物。

古代多以竹制作乐器，《礼记·乐记》："金、石、丝、竹，乐之器也。"[4] 其中竹就是指竹制的乐器。又因在纸发明并广泛使用之前，中国人主要用竹简来书写文书。所以自古以来，竹就具有文化上的意义；此外，由于竹有竹节，节与儒家所称道的气节的节同音，竹又有了道德上的象征意义。前述《诗·小雅·斯干》中也有松竹并举之句。以竹比喻人的品格。此外如《诗·卫风·淇奥》：

瞻彼淇奥，绿竹猗猗。有匪君子，如切如磋，如琢如磨。[5]

东晋时代，文人雅士们常常在竹林中相聚，吟诗作文，《晋书·山涛传》记载："（涛）与嵇康、吕安善，后遇阮籍，便为竹林之交，著忘言之契。"山涛、嵇康等七人，被称为竹林七贤，为文人的美谈。所以

---

① 《毛诗正义》卷十七，清阮元校刻《十三经注疏》上册，中华书局1980年影印本，第547页。

② 《庄子·秋水》，郭庆藩《庄子集释》，中华书局，1961年，第605页。

③ 《太平御览》卷九五六，木部六，桐。中华书局1985年影印本，第4244页。

④ 《礼记正义》卷三八，清阮元校刻《十三经注疏》下册，中华书局1980年影印本，第1536页。

⑤ 《毛诗正义》卷三，清阮元校刻《十三经注疏》上册，中华书局1980年影印本，第321页。

在南北朝时期，竹已具有丰富的文化内涵。

莫高窟西魏第285窟是深受中原风格影响的洞窟，因此，在南壁的故事画中就出现了竹子的形象。隋代第420窟窟顶法华经变中也有表现佛在竹林前说法的场景，同窟西壁的维摩诘经变中，也画出了竹子。到了唐代便常常画出佛在竹林前说法的场景（图39）。

图39　莫高窟第322窟东壁　说法图　初唐

南北朝时期，松、竹、杨柳、梧桐等树木已大量出现于绘画作品中了，如洛阳出土的北魏孝子棺线刻画、南京和邓县出土的南朝画像砖等等。然而，中原地区现存的佛教美术中，在说法图或树下思惟像的画面中描绘的树木能明确地辨别其种类的还不多。大多为蘑菇形树叶，可看作是松树，这在北方出土的很多佛教雕刻作品中都能看到。与华盖式圣树不同的是，华盖式圣树通常是仅有树叶，不用描绘树干的。而中原式的圣树则往往都要画出完整的树木，在雕刻中，即使前面由于佛像的原因不能看到树干，在后面也会把树干完全表现出来。值得注意的是河北省临漳县出土的一件北齐透雕如来七尊像[①]，佛的身后有四棵大树，从正面看由松树构成高高的树冠仿佛背光或佛龛一样，上面还有一条龙和八身飞天。从造像的背面看，树木的枝干表现得完整。在树上还长出

_____

① 参见《中国国宝展》（图录），朝日新闻社，2000年。

9朵莲花，每朵莲花上有一身坐佛，表现化生的景象（图40）。这种树上长出莲花的表现方法，也许是源于早期对芒果系圣树的误解，并与中国式树木结合的产物。或者是为了象征往生西方净土的思想。同样的形式在北朝后期的佛教艺术中十分流行。如在宾夕法尼亚大学博物馆所藏的一件有武平二年铭文的造像碑的碑阴也浮雕出树上开着的莲花，莲花中各有化生的形象①。

图40　河北省临漳县出土的如来七尊像　北齐
（河北省文物研究所　藏）

图41　荀国丑造像碑　582年（河南博物院　藏）

　　直到隋代的造像碑上，仍然有不少佛像身后雕刻出大树上长出的莲花形象。如波士顿美术馆所藏的一件隋开皇十二年的青铜佛像中，佛身后有两棵大树，树上长出的都是莲花，有的莲花上还坐着佛像。另外如河南博物院藏的有开皇二年铭文的"荀国丑造像碑"②，在佛像身后的大树上长出的全是莲花，莲花中大多是化佛，还有一些莲花上是有火焰的宝珠，这可能是表现阿弥陀佛的净土世界（图41）。

①　参见松原三郎《中国佛教雕刻史研究》（图版篇）第二卷，吉川弘文馆，1995年。
②　参见《中国文明展》图录，NHK出版，2000年。

北魏晚期到西魏，中原样式的佛教艺术开始对敦煌产生重大的影响，其结果之一就是壁画中树木的形象大大地丰富起来了。然而同样值得注意的是，虽然中原风格的树木在北朝的故事画中已大量出现，但在说法图中作为圣树表现的并不多见。第285窟北壁的说法图是最早出现中原式树木的，这些树木没有表现出明确的特征，树叶呈蘑菇形，表现出繁茂的特征，大体上可看作是松树。

在西魏时代的说法图中，中原式树木并不流行，北周第428窟也有一些说法图中描绘的树木与第285窟相同，而北朝时代其他洞窟的说法图中，却很少出现中原式的圣树形象。而且，在中原十分流行的那种在大树上长出莲花的圣树形式，在敦煌却始终没有出现过。隋代，随着国家的统一，中原流行的树木如松、竹、杨柳、梧桐等开始在敦煌很多洞窟壁画中流行起来，形成说法图中中原式树木与西域式圣树分庭抗礼的局面。

三　隋唐敦煌壁画中的圣树表现倾向

隋代以后，敦煌壁画中说法图大量出现，有的洞窟一壁之内描绘出数十铺说法图，而且大多数说法图都描绘了圣树，但早期那种华盖式圣树很少出现，所有的树木都是完整地描绘出树干、树枝和树叶的，这一时期说法图中的圣树往往既有中原式的也有西域式的，但西域式芒果系圣树所占的比例有逐渐增多的倾向。第314窟北壁6铺树下说法图中，4铺绘芒果系圣树，2铺绘中原式圣树；南壁6铺说法图中，3铺绘芒果系圣树，3铺绘中原式圣树；西壁4铺说法图中，3铺绘芒果系圣树，1铺绘中原式圣树。第244窟，南壁共画说法图8铺，5铺为芒果系圣树，3铺为中原式圣树，其中2铺明确地表现为梧桐树；北壁也画说法图8铺，5铺为芒果系圣树，3铺为中原式圣树，其中1铺表现为梧桐树；东壁绘说法图9铺，7铺画芒果系圣树，2铺为中原式圣树，其中一为松树、一为梧桐树。另外如第390窟四壁共画109铺树下说法图，全部为芒果系圣树。如第276、301、302、312、313、389、401、402、404、420等窟主龛内以及南北壁说法图中，大多都采用了芒果系圣树，其中也掺杂了梧桐、松、柳等中原式树木。单独以中原式树木表现的较少，如第311窟的说法图中作为背景的是柳树（图36），初唐第322窟东壁则以竹作为圣树（图38）。总的来说，那种传自印度的芒果系圣树越来越受到重视。有的在龛内画出芒果系圣树，如第 402 窟西壁龛内画出芒果系圣树，其形式与克孜尔石窟（如第 60 窟）以及北齐以来流行的形式非常类似，在第 295 窟的涅槃变中也画出了类似的圣树。

隋代的芒果系圣树主要为表 5 所示的三个类型，第一组，中央为花蕊，四周花瓣下垂，与北朝以来流行的芒果系形式一致（表 5 D-f1 ～ f3）。D-f1 ～ f2 的形式令人想起克孜尔石窟壁画中常见的芒果式圣树形式，在敦煌北周时代壁画中也出现较多。而 D-f3 的形式，则是在北齐时代的响堂山石窟及表现粟特民族的雕刻中表现得较多的形式。第二组中央为花蕾状，四周花瓣下垂，花瓣的数目不定，但呈现出越来越密集的趋势，大多数为条状叶形，还有少数花瓣如阔叶形的（表 5 D-f4 ～ f5）。这一组形式是较富有时代特征的，初唐也多有类似的形式。第三组花蕊省略，仅画出下垂的花瓣。如掌状复叶的形式。这是壁画中出现较多的类型（表 5 D-f7 ～ f9）。

第一组	D-f1 第 294 窟北壁	D-f2 第 402 窟北壁	D-f3 第 404 窟南壁
第二组	D-f4 第 301 窟北壁	D-f5 第 401 窟北壁	
第三组	D-f7 第 295 窟窟顶	D-f8 第 314 窟北壁	D-f9 第 319 窟北壁

表 5

进入唐代以后，芒果系圣树产生了很大的改变。画家们把莲花、棕榈以及其他的树形融入了芒果树形中，形成了不少新的形式。如第322窟南壁说法图中的树叶（表6 D-g4），中央为莲藕形，周围似是莲瓣。在第341窟南壁（表6 D-g5），"莲瓣"的部分则变成了较尖的树叶，层次更为丰富了。在第320窟南壁的阿弥陀经变中（表6 D-g6），"花瓣"中央的莲藕描绘得十分精致，成为了华丽的装饰物了。这样类似莲花的圣树，虽然可以看出来自西域芒果树的影响，但已经过了艺术

第一组	 D-g1 第 209 窟南壁	 D-g2 第 57 窟南壁	 D-f3 绢画树下说法图
第二组	 D-g4 第 322 窟南壁	 D-g5 第 341 窟南壁	 D-g6 第 320 窟南壁
第三组	 D-g7 绢画阿弥陀经变	 D-g8 第 333 窟西壁	 D-g9 第 39 窟龛顶
第四组	 D-g10 第 204 窟南壁	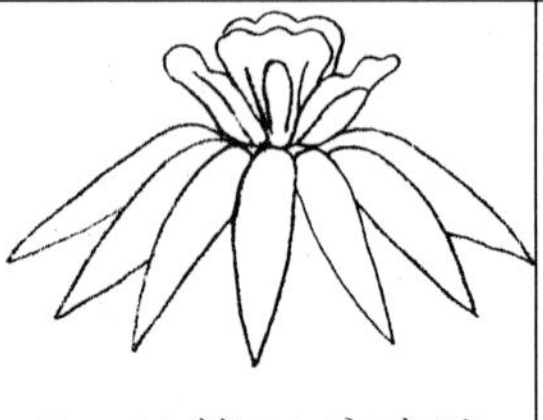 D-g11 第 71 窟南壁	 D-g12 第 220 窟南壁

表 6

加工，成为了中国式的芒果树了。在第 333 窟的西壁，圣树的花形是中央为一朵莲蕾，周围是树叶（表 6 D-g8），在藏经洞出土的绢画阿弥陀经变（现藏法国吉美博物馆）中，也有同样的表现（表 6 D-g7），但在第 71 窟南壁经变画，第 220 窟南壁经变画中，圣树中的花朵，却很难说是莲花（表 6 D-g11 ~ 12），也许只是画家想象出来的花朵。盛唐以后，这种特点得到进一步发挥，花叶等都画得越来越繁富，越来越具有装饰性了。从第 320 窟南壁的圣树来看，中央画出莲花的花蕾，周围的树叶具有棕榈树叶的特点（图 42），在第 39 窟龛内的圣树，同样具有芒果树的特点，而树叶的形状与犍陀罗流行的树叶阔而厚的圣树形式颇为类似，然而犍陀罗的圣树通常较写实，而且没有与莲花组合的形式。虽然唐代的圣树形式表现得丰富多彩，大体都是以中央为莲花或花蕾，周围画出放射状的树叶，有时在中央画出某种果实的形式，如莲籽。如大英博物馆所藏的敦煌画树下说法图中（图 43，表 6 D-g3），中央画出

图 42 莫高窟第 320 窟南壁 圣树 盛唐

图 43　敦煌绢画　树下说法图　唐（大英博物馆　藏）

一粒粒果实，仿佛葡萄一般，恐怕与唐代流行的葡萄、石榴纹等有关。于是如第 57 窟、第 209 窟的圣树形式也可以看作是葡萄纹的表现（表 6 D-g1 ~ g2）。盛唐以后的圣树表现愈来愈丰富，而富有创造性，比起写实性来，画家更注重装饰性，使庄严的说法场面变得华丽起来。

北朝以来的说法图在表现圣树时往往比较单纯，一般在佛的两侧只画两株树，而到了唐代，在说法图中常常不限于两株树木，有时画出 4 株甚至更多的树木，以新型装饰华丽的芒果式圣树为主，两侧又各增加松、柳、竹等中国流行的树木。在经变画中，主尊的说法场面一般比较丰富，树木画得很多。

唐代政治、经济的发达及中原强大的文化影响，给敦煌壁画的创新提供了契机，中原丰富多彩的圣树形式也不断传到敦煌。另一方面，中原佛教美术中也在不断地吸收外来的因素。时常出现十分典型的印度或西域类型。如初唐的宝庆寺石雕（703 ~ 704 年）中[1]，在现存 30 多件雕刻作品中，就有两例为印度早期的菩提树样式（图 44），这是北朝以后中原地区较为罕见的圣树。其余的大部分为芒果系圣树（图 45）。长安慈恩寺塔门（704 年）的线刻画中，以及初唐时代建造的彬县大佛寺中[2]，大佛身后的圣树也同样是芒果系圣树的类型。从唐代西安附近佛教美术中的圣树来看，其类型包括了北朝至隋代流行的各种类型，然而，似乎还没有敦煌那样自由和丰富。

四 小 结

北朝前期，敦煌壁画说法图中圣树的表现很少，而且较多地保持着外来的样式，即印度的菩提树形式。但在中原的佛教艺术中，北朝多流行松树等中国式的树木，又往往把莲花的形象与树木结合起来表现成一种独特的圣树形式。北朝后期的敦煌壁画说法图中，芒果系圣树逐渐流行起来。而与此同时，中原式的松、柳、竹等树木也与外来的芒果树

---

① 关于宝庆寺的雕刻，参见本山路美《宝慶寺石佛群造营事情について》，早稻田大学美术史学会《美術史研究》，1981 年第 18 册。谷信一《宝慶寺石佛に就いて》（上），《国華》第 499 号，1932 年。谷信一《宝慶寺石佛に就いて》（下），《国華》，1932 年第 501 号。

② 参见李淞《陕西古代佛教美术》，陕西人民教育出版社，2000 年。

图 44　宝庆寺雕刻中的圣树　唐
（东京国立博物馆　藏）

图 45　宝庆寺雕刻如来三尊像　唐
（东京国立博物馆　藏）

一起出现在说法图中，这些丰富的种类特征，在隋唐时代得到了进一步发展。

北朝以来中原式圣树已经大为流行之后，隋唐时代的中原地区反而出现了印度特征强烈的圣树，看起来有些不可思议。但如果联系北朝晚期至唐初，中国僧人们不辞艰辛，一次又一次地到印度取经。同时，外国的僧人们也不断到中国传播佛教思想的历史，可以想见，他们把印度式的菩提树形象带到中国，并确立了这种印度式树木的权威性。《历代名画记》曾记载洛阳的敬爱寺"佛殿内菩萨，树下弥勒菩萨塑像，麟德二年自内出，王玄策取到西域所图菩萨像为样。"我们不知道这尊树下弥勒菩萨的树是什么样子，但它与菩萨形象一样是传自印度的样式则是无疑的。虽然唐代是中国样式的佛教美术（如经变画）成熟的时代，但从印度式圣树的再度流行中，我们也看到作为崇拜的对象，那种传自印度本土的特征依然在某种程度上产生着作用。

隋唐时代，芒果系圣树开始在中原流行起来了。但是中国的艺术家们不断地把它进行变化加工，把它与莲花等植物结合起来表现，到了唐代形成一定的模式化的形象，这时已不像印度本来的芒果系圣树，而是综合了莲花、芒果以及别的植物形象而成的特别的树。这也许就是唐代人所认为的圣树吧。

敦煌壁画中说法图所表现的圣树形象标志了印度的圣树崇拜在中国传播及发展的过程。中原地区隋唐以后的佛教遗迹虽然很多，但在任何地方也找不到像敦煌隋唐壁画中所表现的那样变化丰富的圣树类型。

第三章
空间表现的成熟

第一节　经变画的空间构成

一　引　言

唐代以后，中国绘画在空间处理方面取得了令人瞩目的成果，这就是在平面的画面中，描绘出接近于三度空间的景色。这一点从唐代流行的经变画中体现了出来。当然这样的空间表现方法还不能算是科学的透视法，但在 7～8 世纪的时代，能表现出较为真实的空间关系，也是令人吃惊的事情，因而经变画深受人们喜爱而在各地流行起来。据《历代名画记》等文献的记载，当时首都长安以及东都洛阳的寺院里，绘制了大量的经变。经变画是隋唐以来中国石窟及寺院壁画的主要绘画形式，也是最富有中国特色的佛教艺术形式。经变画在表达佛教思想义理，表现佛国世界境界，以及对佛像、世俗人物、建筑、风景等各方面都取得了很高的艺术成就，同时它形成了有别于印度和西域佛教艺术的中国式的佛教艺术，并影响及于朝鲜半岛和日本等地区。本节以敦煌壁画的经变为中心，试图探讨经变画的空间构成特点及其艺术源流。

二　关于经变画

经变也叫变相，是中国古代的一种佛教绘画形式。然而，对于经变的认识和解释，却有着不同的学术流派。早在上世纪二三十年代，研究变文的学者们对"变"及与之相关的变文与变相就作了一些界定。如孙楷第认为："盖人物事迹以文字描写之则谓之变文，省称曰变；以图相描写之则谓之变相，省称亦曰变。其义一也。"[①] 这样的观点得到了很

---

① 孙楷第《读变文二则》，《敦煌变文论文录》上卷，上海古籍出版社，1982 年。

多文学研究者的支持，如傅芸子、程毅中、白化文都赞同这一看法，并进一步探讨了变文与变相的相互关系①。上世纪60年代，阎文儒先生著文认为"凡根据佛经内容画出的作品都可以叫经变"，他又把经变分为"小乘经变（包括本生经变、本行经变等）"和"大乘经变（如净土经变）"两种②，1997年出版的《敦煌学大辞典》对经变的解释则是：经变分为广义和狭义两种，"就广义而言，凡依据佛经绘制之画，皆可称之为'变'（这一点与阎文儒的观点一致），然今之'经变'，既有别于本生故事、因缘故事、佛传故事，又有别于单身尊像，专指将某一部乃至几部有关佛经之主要内容组织成首尾完整、主次分明的大画（即阎氏所说的大乘经变）"③。这可以说是迄今为止被普遍接受的一种解释。

但是至今为止对经变的解释都停留在对其内容的解释，还没有对经变在美术上的表现形式作出恰当的界定。实际上，经变的存在正是在于其独特的美术形式。这是印度和中亚佛教美术所没有的，中国特有的佛教美术形式。

从敦煌壁画隋唐以来的经变实例，我们可以总结出经变画作为美术品的特点在于：以净土世界为中心，或以佛经中所记的主要人物的活动为中心，具体描绘该佛经主要内容，人物众多，场面（空间）宏大，构图统一的绘画或雕刻作品。在尊像、人物活动场景描绘的同时表现出一定的空间关系，即尊像（人物）的刻画与空间表现同样重视。换句话说，经变就是在图解一部佛经的同时还要表现佛教的理想的天国——净土世界，要让人们感受到未来的天国（净土世界）是如何的美好。所以比起其他的佛教绘画来，经变画不仅仅是为信众去图解佛教的故事和某种理念，而是要创造出一个较为真实的佛国世界的空间来。对于那些崇

---

① 傅芸子《俗说新考》，白化文《什么是变文》，均见《敦煌变文论文录》上卷，上海古籍出版社，1982年。

② 阎文儒《经变的起源种类和所反映佛教上宗派的关系》，《社会科学战线》，吉林社会科学院，1979年第4期。

③ 《敦煌学大辞典》，上海辞书出版社，1998年，第81～82页。贺世哲《敦煌石窟全集·法华经变画卷》（香港商务印书馆，1999年）对经变的定义大体与《敦煌学大辞典》相同："就广义而言，敦煌艺术或其他艺术中，凡带故事性的图画，均可谓之经变。但就狭义而言，则专指隋唐以降，依据某一部佛经，或者糅合同类数经绘制的具有一定故事性，或者义理性的图画。"（原著第5页）。

信佛教的人们来说，再没有比这更有诱惑力的艺术了。所以，唐代以后经变画成了中国佛教绘画的主流。

隋唐经变画，在构成形式上大体可分为两类：

一是以佛经中所记的主要人物（包括佛、菩萨）活动为中心的叙事性构成，如维摩诘经变、涅槃经变以及劳度叉斗圣变等。

二是净土图式经变，也就是以净土世界为中心的构成。一般来说，净土经专指《阿弥陀经》《无量寿经》《观无量寿经》，即所谓"净土三经"。那么净土经变也应是根据这三种经而画出的经变画。但本文所说的净土图式经变，是指在构图上采用了以净土世界为主体的经变画。所以包括东方药师净土、释迦净土、弥勒净土等佛教的净土世界。除了阿弥陀经变、无量寿经变、观无量寿经变以外，如弥勒经变、东方药师经变、法华经变、报恩经变、天请问经变等等，都是以净土世界景观为中心的经变。

如果说第一类型的经变画或多或少地留有早期故事画传统的痕迹，那么净土图式的经变画则是全新的中国式的佛教绘画。这两类经变画都在唐代前期达到成熟，充分体现出当时画家对人物、建筑、山水等内容的综合表现能力，特别是营构出宏大的空间环境，表现出雄强、壮阔而又典雅、庄严的佛教理想境界方面，代表了唐代佛教绘画的最高水准。我们从莫高窟第 172 窟、第 217 窟的观无量寿经变；第 33 窟的弥勒经变、第 220 窟的维摩诘经变、第 148 窟的涅槃经变、第 196 窟的劳度叉斗圣变等代表作品中就可以体会出这种由人物群体、建筑群，山水背景等构成的十分开阔而辽远的空间环境。这种经变画空间的形成，使中国的佛教绘画艺术进入了一个新的阶段。

三　经变的源流

南北朝时期，本生、本行等故事画往往还被称为"变"。例如法显的《佛国记》中就有这样的记载："王便夹道两边，作菩萨五百身以来种种变现，或作须大拿，或作睒变，或作象王，或作鹿、马。如是形象，皆彩画庄校，状若生人。"这里的"睒变"也就是睒子本生。这一题材在麦积山石窟第 127 窟（北魏）和莫高窟第 299 窟（北周）壁画中都可以看到。另外，据《洛阳伽蓝记》"惠生遂减割行资，妙简良匠，以铜摹写雀离浮图仪一躯及释迦四塔变。"佛教美术中有"四相"、"八相"之类的本行故事。这里的四塔变的具体内容虽然没有写出来，但从敦煌壁画中"八塔变"等内容来推测，大约也是本行故事。在印度、犍陀罗等地的雕刻中（如奉献塔四面的雕刻等）也多有"四相"题材。大体是选取佛传中较有代表性的四个故事来描绘。《历代名画记》卷六记载了南朝的袁倩曾画《维摩诘经变》"一卷百有余事"这是文献中关于画家画经变画的最早记录。经摩诘经变能画出一百多件事，实在是很丰富的大作了，敦煌壁画中，即使是盛唐大型维摩诘经变也没有这么多的情节。不过这里所说《维摩诘经变》一卷"，恐为手卷的形式。手卷是汉代以来绘画的传统形式，在魏晋南北朝时代十分流行。传为顾恺之的《洛神赋图》《女使箴图》也都是手卷形式。对照敦煌壁画，北朝时期的本生、因缘、佛传故事画都是采用横长的画卷形式，不能不说是受到了中国传统绘画形式的影响①。早期的经变画，采用画家们十分熟悉的画卷形式来绘制，也是很容易理解的。

现存最早的《维摩诘经变》是炳灵寺石窟第 169 窟第 11 号壁画，在无量寿佛的两侧，一边画出横躺在床上的维摩诘，一边画出文殊菩萨，表现的是"问疾品"的内容②。这是北朝石窟中十分流行的题材。在云冈石窟和龙门石窟北魏的雕刻中也可以见到。在敦煌石窟则是到了隋代才出现维摩诘经变。

南朝梁代，以张僧繇父子为代表的一些画家们创作了很多经变，据《建康实录》记载："瓦官寺，……堂殿楼阁，颇极轮奂，其图诸经变相，并是张僧繇丹青之功，为其冠绝"。类似的内容也见于《梁书》记载："（丹阳长干寺）及大同中，出旧塔舍利，敕市寺侧数百家

---

① 关于北朝故事画的形式，参见赵声良《敦煌早期故事画的表现形式》，《敦煌研究》1989 年第 4 期。

② 这组壁画可能经重绘，题记也可能被重写，所以似乎有一些矛盾，张宝玺先生认为中央的佛当为释迦牟尼。参见张宝玺《炳灵寺的西秦石窟》，《中国石窟·永靖炳灵寺》，文物出版社，1989 年 12 月。

宅地，以广寺域，造诸堂殿并瑞像周回阁等，穷于轮奂焉。其图诸经变，并吴人张繇运手，繇丹青之工，一时冠绝。"①另外，《历代名画记》在张僧繇之子张儒童条下记载有"《释迦会图》、《宝积经变》传于代"。同样的内容也记载于《贞观公私画史》②。从这些文献资料中，我们知道至少在唐代还可以看到张氏父子所画的经变画，但是现在已经失传了。虽然南朝画家们绘制的经变画已经不得而知了，可是在石窟壁画和一些出土物中，我们却能看到南北朝时代经变。

　　从现存的出土资料来看，净土图式的经变在南朝已经出现了。最有力的证据就是四川省成都市万佛寺出土的南朝浮雕法华经变和弥勒经变（图46、47）。关于法华经变的内容，有的学者还有不同的看法③，但很多学者已经注意到这件浮雕在经变画构成发展上的重要意义。二十世纪六十年代末，长广敏雄已经注意到四川出土的南朝浮雕对唐代经变画的影响。他认为所谓净土图不仅仅在于以佛像为中心，周围有圣众围绕。净土图应该是以佛说法会为中心的，有房舍，有树木，有莲池的净土世界景观。而南朝的浮雕就是这样的净土图④。虽然长广氏未能辨明这件浮雕为法华经变，但他敏锐地指出了经变构成的一些特点仍是富有启发性的。当然，仅仅是有房屋，有树木，还是有些笼统。要考虑到这些建筑一是为了表现佛国的天宫，一是为了体现出画面的空间关系。与法华经变同时的弥勒经变也同样通过城郭等建筑以及山水等自然景物来

---

　　①　《梁书》卷五四《扶南国传》。其中的张繇当为张僧繇。

　　②　《贞观公私画史》："楞伽会图一卷、宝积经变图一卷。右二卷张儒童画，僧繇之子，梁太清目不载。"

　　③　长广敏雄《智光曼荼罗の研究》（刊于元兴寺佛教民俗资料刊行会编《智光曼荼罗》，学术书出版会，1969年）认为是关于"六波罗蜜"的内容。这一看法得到王静芬氏的赞同（参见 Dorothy C.Wang, *Four Buddhist Steles and the Beginnings of Pure Land Imagery in Sichuan, China*, ARCHIVES OF ASIAN ART. LI/1998−1999）。但吉村怜氏则认为其表现的是《法华经观音普门品》的内容。笔者在《成都南朝浮雕弥勒经变与法华经变考论》（《敦煌研究》2001年第1期）一文中赞同吉村氏的观点，并考证了所表现的法华经观音普门品的具体内容，由是确定其为法华经变。八木春生《中国成都地方的佛教造像について》（《佛教艺术》第260期，2002年1月）也认为上部表现的是净土图，下部表现的是法华经观音普门品的内容。

　　④　长广敏雄《智光曼荼罗の研究》，刊于元兴寺佛教民俗资料刊行会编《智光曼荼罗》，学术书出版会，1969年。

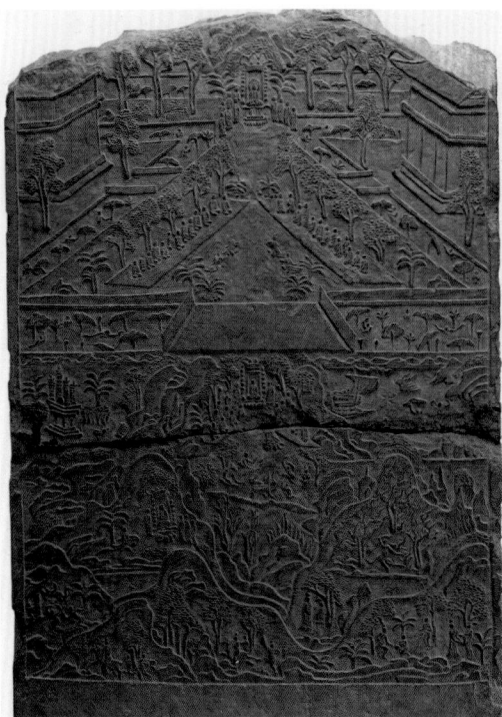

图 46　成都出土南朝浮雕法华经变　　　　　图 47　成都出土南朝浮雕弥勒经变

表现空间关系。

　　古代人们所能想象到的佛国世界，往往会以现实世界的帝王宫阙为依据。于是中国式的宫殿建筑就大量出现在佛教艺术之中。魏晋南北朝以来，由于南方山水画的发达，艺术家们自然地会在佛教美术中应用空间表现技法。浮雕法华经变这样的空间处理并不是偶然的，在成都出土的佛教造像中，有的虽不是经变内容，但在说法图等画面中，也常常以山水场景来表现空间关系。如成都市西安路出土的一件佛像背光①，上部描绘佛说法的场面，下部则描绘山水景物，其构成与法华经变浮雕一致。

　　现存的佛教美术中，南北朝时代的经变极少。说明 6 世纪在四川地区已经完成了的经变形式并没有很快在全国流行开来。敦煌壁画中是隋代以后才开始出现大规模的经变画的。而隋代第 420 窟窟顶的法华经变构成仍然是北朝时期的画卷形式。在敦煌以外的地区，北朝时代净土

　　① 　参见成都市文物考古研究所《成都市西安路南朝石刻造像清理简报》插图 22，《文物》1998 年第 11 期。

图式经变我们可以举出两例：麦积山石窟第 127 窟窟顶的西方净土变（北魏）、响堂山石窟第 1 窟的西方净土变（北齐）都是主要以建筑来表现空间的。麦积山石窟第 127 窟的西方净土变在空间表现上与四川的法华经变较相似，从地域上说也接近四川省，就是受南方影响所致。而响堂山石窟的经变比南朝经变晚，而在空间表现上仍较古拙，说明经变画是先流行于南方地区的。

四　敦煌唐代壁画中经变的构成

唐代以后，大画面构成的经变开始流行。所谓大画面构成，是指相对于北朝故事画那种一个一个连续性的小画面而言的，画面整体构图统一，背景也具有一定深度的空间构造。唐代经变的种类较多，如前所述从构成形式上我们大体分作两种形式，即叙事性经变和净土图式经变。

叙事性经变画的构成

叙事性经变主要以连续的画面来图解经典的内容。因此，根据内容的不同，又出现一些不同的构成形式。第 332 窟的涅槃经变、维摩诘经变，第 335 窟的维摩诘经变，第 148 窟的涅槃经变等都是具有代表性的作品。

1. 涅槃经变

涅槃经变是大乘佛教的重要题材，在唐代十分流行。涅槃图在北朝时期佛传故事画中已经出现了，其形式受到犍陀罗艺术的影响，因而使敦煌初期涅槃经变构成形式与早期的长卷式故事画的构成有着密切的联系。唐代涅槃经变往往把壁画与塑像结合起来综合地表现，如初唐第 332 窟、盛唐第 148 窟、中唐第 158 窟等都作出了大型的涅槃像，然后在相关的壁面画出经变内容。

第 332 窟是一个中心柱窟，在主室的后壁凿龛，其中塑涅槃佛像。在南壁画出了高 3.7 米，宽 6.08 米的涅槃经变（图 48）。在中心柱后壁凿龛造像的习惯源自西域，在克孜尔石窟中较为常见，但图绘大型的涅槃经变则是西域石窟所不见。这铺涅槃经变的构成是按时间顺序来描绘故事情节。从画面下部右侧开始，由右向左，然

图 48 莫高窟第 332 窟南壁 涅槃经变 初唐

后转向画面上部由左向右，共描绘 8 个情节，右侧表现调兵遣将，左侧表现战场，大体上描绘了释迦牟尼入般涅槃至八王均分舍利的过程，这即是佛经所说的争舍利之战。这样按时间顺序，以连续性画面来表现故事的方式，使人们想起北朝后期的故事画表现形式。但在这里，横长条状的画卷形式已经消失，用于把画面分隔成带状的横向隔离线没有了，故事的情节与情节之间以山水背景来分隔，整体看来，仿佛是一幅巨型山水人物画，而在其中通过人物的走向及山水的聚散来反映故事发展的脉络，山水风景在画面中起着不可缺少的作用。而山水不仅仅是背景，从风景中还体现出一种宏大而壮阔的空间氛围。

盛唐第 148 窟，涅槃经变发展到了一个更为完美的境地，本窟正面为横长的佛坛，坛上塑出长达 14.4 米的涅槃佛像，涅槃经变就在佛像的后面展开，由南壁西侧经西壁由南到北，然后在北壁西侧结束。这铺经变通过长达 10 组的画面详细描绘了涅槃经变的主要情节。场面有起有落，有急有徐，空间的推移与时间的发展联系起来，又突出重点，在丰富的景物变换中，山水、树木、城廓、宫殿、宅院等等，各尽其宜，与故事的发展融为一体，仿佛一部交响曲，给人以无限丰富的感受。

2. 维摩诘经变

除了涅槃经变以外，维摩诘经变和劳度叉斗圣变等并没有按时间顺序来描绘，而更注重画面的对称组合关系。十六国时代的炳灵寺石窟第 169 窟的壁画中已出现了维摩诘与文殊菩萨在佛两侧对称绘出的形式。维摩诘经的主要内容是维摩诘与文殊菩萨的对谈，所以北朝以来，维摩诘与文殊菩萨对称表现的形式十分流行。在云冈石窟和龙门石窟也经常可以看到这样的表现形式。隋代的敦煌石窟中已出现了在佛龛两侧对称的画面中描绘维摩诘经变的情况，这正是北朝以来的传统表现形式。唐代以后，维摩诘经变的内容变得十分丰富了，维摩诘与文殊菩萨周围描绘了众多的人物，特别是描绘了各族国王、王子及大臣的形象，反映了当时中国社会的一个侧面。由于描绘了大量的人物和风景，使画面形成了较大的空间构成。而维摩诘与文殊菩萨对称的构成则一直不变。如初唐第 220 窟、盛唐第 103 窟、中唐第 159 窟的维摩诘经变都是在东壁门两侧分别描绘维摩诘与文殊菩萨的。当然也有通过一面壁来描绘的，如第 332、第 335 窟的维摩诘经变（图 49）。但其中的维摩诘与文殊菩萨以及这两个主人公周围的人物依然是两组群像对称画出的形式。五代以后，维摩诘经变也常有一面壁描绘的，而且常在画面的中央表现建筑物，这大约是受到净土图式经变画的影响。

图 49　莫高窟第 335 窟北壁　维摩诘经变　初唐

晚唐以后流行的劳度叉斗圣变，表现佛弟子舍利弗与外道的劳度叉斗法的故事。其构成与维摩诘经变一样是分别以舍利弗和劳度叉为中心的两组群像对称的构成。

净土图式经变画

唐代以后，以表现净土世界景观为主的经变画很快流行起来。初唐的净土图式经变主要描绘以净水池、宫殿、灵鹫山、须弥山等为中心的佛国风景。盛唐以后的经变往往以建筑为中心来刻画净土世界，而在四周画出相关的故事内容。或者在中央描绘净土世界，两侧以条幅的形式绘制相关的内容（如观无量寿经变和药师经变等）。中唐以后，在上部描绘净土世界，下部以屏风画的形式展开一部分情节的构成也流行起来。唐代后期以后的经变中，山水风景的成分越来越多了。

1. 法华经变——以自然山水来表现净土世界

有关法华经的内容在南北朝时期石窟中已或多或少地表现出来了。如《见宝塔品》（释迦多宝并坐说法）就出现较多。但仅仅是《见宝塔品》还不能称为经变。如前所述，成都万佛寺的南朝浮雕法华经变是至今所见法华经变最早之例，这件浮雕上部表现了以释迦在灵鹫山说法为中心的场景。佛的前面在广场周围环绕着净土池。池中描绘出莲花化生，佛的背景是山峦（灵鹫山），两侧的建筑表现出一定的远近空间，这样的构成可以说是经变空间构成的先驱作品。

敦煌壁画中，隋代第 420 窟窟顶详细描绘了法华经变中的《序品》《方便品》《比喻品》《见宝塔品》《观音普门品》等内容[1]。可是其构成却依然承继着北朝流行的故事画的画卷式构成。初唐以后，敦煌壁画的法华经变才形成了以说法会为中心的构成。如第 331 窟东壁门上部法华经变，中心是释迦多宝说法的场面（见宝塔品），两侧绘出听法的菩萨，并分别表现《序品》和《妙音菩萨品》等六品的内容。这铺经变初具法华经变的规模。而两侧菩萨排列成三行，则依然保留着北朝的构成形式。第 202 窟和第 335 窟把龛内的塑像与壁画结合起来，龛顶表现"见宝塔品"，龛壁两侧表现《从地涌出品》等内容。可以说形成了一个立体的空间构成。盛唐时代，法华经变的空间表现达到成熟，第 23 窟就

---

[1]　贺世哲《敦煌石窟全集·法华经画卷》，商务印书馆（香港），1999 年。

图50　莫高窟第23窟南壁　虚空会　盛唐

是代表性的作例。此窟大约建于天宝年间（742–756年）[①]，全窟南、北及东壁以及窟顶的东披、南披均为法华经变内容。北壁中央绘以《序品》中的灵鹫会为中心的内容；南壁中央绘以《见宝塔品》为中心的虚空会场景（图50），周边分别绘《化城喻品》等；东壁画《序品》《药王菩萨本事品》等；窟顶东披也是以《序品》中的灵鹫会为中心的内容；窟顶南披绘《观世音菩萨普门品》相关的内容。此窟大规模绘制法华经变，被称为"法华窟"。此窟不论是虚空会还是灵鹫会的画面，都以佛说法场景为中心，营造一个宏大的佛国世界，而在周围表现不同的佛经故事，则又把现实中的许多场面与佛国世界联系起来，把人世间的真实与佛国世界的理想完美地结合起来，达到了佛教经变画的完美境界。如北壁的灵鹫会描绘了宏大的佛说法场景，以辽阔的山峦以及彩云环绕着说法场景，但在这些彩云之外，又画出了许多故事的细节，天国的壮观场面与人间的山水城郭表现在一起，由于山水空间的完美布局，使这样一个幻想与现实的世界统一起来了。

———————

① 贺世哲《敦煌石窟全集·法华经画卷》，商务印书馆（香港），1999年。

2. 弥勒经变

迄今为止所见最早的弥勒经变为成都万佛寺出土的弥勒经变浮雕（图47）。可惜的是下部残毁，不能看出当时的全貌。现存部分包括六个场面：弥勒菩萨于兜率天宫说法；翅头末城洒扫、老人入墓；农业耕作（一种七收）；弥勒三会；迦叶禅窟①。中央上部在一个屋顶有五座宝塔的建筑（兜率天宫）里表现弥勒菩萨说法。中部描绘三组说法场景，表现弥勒三会。其余场面都画在周围。

敦煌石窟的弥勒经变是隋代开始出现的。通常是以一座建筑来表现兜率天宫，弥勒在里面说法。周围有众多的菩萨听法。唐代以后，弥勒经变的内容逐渐丰富起来，初唐往往把弥勒上生经和下生经合在一起描绘。特别表现出弥勒下生经中的儴佉王及眷属剃度出家的场面，以及一种七收、龙王降水、罗刹扫除等场面。西方净土变往往只表现净土世界的景象，而弥勒经变表现的不仅仅是净土世界，而且还表现了人间的生产和生活的场面，所以画面中很难区别出俗界和天界。这也是天国景观与人间景观两重景观一起表现之例。只是在法华经变中，天国景观与人间的景观是有分隔线的，而弥勒经变中，天国景观和人间的景观没有分隔线，完全融合在一起，使佛国世界具有了浓厚的人间性。

弥勒经变和法华经变与阿弥陀等净土世界的区别在于，不描绘净水池，而画出山峦景观。弥勒经变刻画的是须弥山，法华经变表现的是灵鹫山。法华经变中的灵鹫山上描绘出具体的岩石，富于质感。弥勒经变多描绘远山的景色。中央描绘高耸入云的须弥山，周围的山峰则呈圆环状环绕，仿佛从宇宙的高空中来俯瞰地上的山脉，如第33窟南壁、第446窟北壁的弥勒经变就是代表性的作品（图51）。

佛国的景观与人间的景观一起描绘的经变，不仅仅限于弥勒经变和法华经变，唐代后期流行的报恩经变、金刚经变、金光明经变等也是如此。在佛说法场面的周围直接描绘与佛经相关的故事内容，往往具有人间的现实社会特色，使神圣的佛教经变场面中充满了现实的人间气息，这正是中国式佛教美术的特点。

---

① 有关此弥勒经变的详细内容考证，参见赵声良《成都南朝浮雕弥勒经变与法华经变考论》，《敦煌研究》2001年第1期。

图 51　莫高窟第 33 窟南壁　弥勒经变　盛唐

　　3. 净土变——水池和楼台表现的净土世界

　　阿弥陀经变、无量寿经变和观无量寿经变统称西方净土变①。这三种经变的主体构成基本一致，即中央描绘佛说法场面，通过雄伟的宫殿建筑来表现天宫的华美。无量寿经变和观无量寿经变中还绘出净水池及化生。观无量寿经变较为特别，一般都要在净土图的两侧以条幅的形式描绘序分（未生怨故事）及十六观想的内容。这一形式又被东方药师经变所借鉴，在药师经变的两侧也以条幅的形式表现"九横死"和"十二大愿"的内容。

　　从某种意义上来说，净土图形式是由说法图发展而来的，初唐第322 窟北壁的说法图，或许就是初期的净土图（图 52）。北朝说法图的一般形式就是一佛二菩萨（三尊像），北朝后期，增加了二弟子，就成了五尊像。其后又增加了二天王，而成为了七尊像。到了隋代，说法图中绘出的尊像越来越多，如菩萨为四尊，天王以外再加二身力士，全部达十几尊像。唐代以后，说法图里不仅仅是尊像增加了，而且更重要的是画家努力表现一定的场景，一个可感的空间，第 322 窟说法图的意义就在于它通过一个净水池来表现一个空间的环境，池中有莲花，有坐在莲花上的天人。这些天人和莲花又表现出或前或后的关系。于是画面就有了一个

────────────

　　①　净土经变中，无量寿经变以前未有论及，施萍亭《敦煌石窟全集·阿弥陀经画卷》（香港商务印书馆，2002 年 3 月）首次将无量寿经变从以前认为是阿弥陀经变中找出来。由是，与净土三经同样，西方净土经变也包括三种经变：即阿弥陀经变、无量寿经变和观无量寿经变。

图 52　莫高窟第 322 窟北壁　说法图　初唐

相对真实的空间。仅从表现形式来看，经变就是在说法图中增加了建筑等景观而把说法场面置于一定的空间环境之中。这一景观的描绘使画面产生了质的改变，深度的空间变得可感，经变的构成就形成了。

唐代的大型经变宫殿楼阁规模宏大，人物（尊像）众多，常常是佛、菩萨等尊像及人物合计达百人以上。人物群像的表现可以说达到空前的规模。除了庄严的佛说法图以外，说法场面下部描绘舞乐、供养人等，上部描绘飞天。而且舞乐的人数也越来越多，初唐经变画中，往往画一两个人舞蹈，两侧有数人奏乐。盛唐以后，舞伎增加到几组，乐队最多达三十九人。如莫高窟第 172 窟、第 148 窟的观无量寿经变就是代表之例（图 53）。

图 53　莫高窟第 148 窟东壁　观无量寿经变　盛唐

净土经变中最有特色的还有净水池，在池中描绘莲花化生。据佛经，要进入西净土世界，须从莲花中化生而出。所以化生，就是进入净土世界的象征。唐代的净土变中，净水池的描绘成为一个重要的内容。文献记载长安的赵景公寺有"范长寿画西方变及十六对观宝池，池尤妙绝，谛视之，觉水入深壁"。范长寿画的宝池使人感到好像水在流动一样，可见画家技艺之精。

净土变中通常在净水池上绘出台榭和宫殿楼阁。水上的台榭又画出舞乐的场面。以表现出歌舞升平的气象。于是为了表现天国的美好景象，歌舞的场面也就越来越大，有时甚至占据了画面的三分之一的地方。

由于要表现众多的尊像（人物），就必然要考虑空间处理的诸问题，所以，经变画从一开始就在营造一个佛国的空间，从净水池到宫殿的建筑、背景的自然景观乃至人物的配置，都是空间构成的因素。

五　空间表现的特征

在敦煌早期的故事画中已经在山水背景中表现出一定的空间关系了。画家们利用斜向排列的山峦以及河流等自然风景来表现空间，同时也表现出人物在这样的空间中活动，于是人物的排列也形成了一定的空间关系。另外，树木的刻画也能体现出一定的深度来，特别是与人物组合在一起表现出远近深度。北朝后期的壁画中，建筑形象也增多了，画家们利用建筑形成的独自的空间以及建筑内外的关系表现出不同的空间特点。而唐代的经变画中则综合地利用人物、建筑、山水等因素，使空间表现进入了一个更高的时代。

群像表现

所谓群像是针对单体像而言的。壁画中群像的配置方式对空间的构成具有重要的影响。

1. 并列表现

佛教壁画为了强调对尊像的崇拜，一般都要表现正面形象。特别是说法图中，通常是中央为佛，两侧对称地排列着弟子、菩萨、天王等像。一般都是排列成一条直线，在画面上看不出远近关系，完全是一种平面的状态。

净土图式的经变一直保持了北朝以来的以佛为中心，两侧呈对称式排列的构成原则，这也是印度及中亚佛教艺术中的流行形式。可能是表现宗教崇拜最理想的形式。佛像是崇拜的对象，所以要放在一个崇高的位置，而且应该总是表现出正面的形象，以示其至尊的地位。

北朝流行的三尊像及五尊像等可能是受到雕刻的影响，大多是排列在同一水平线上的。直到隋代的经变画中，仍然是这样的并列组合形式。如弥勒经变，建筑的描绘也具有一定的平面化倾向，人物则挤在建筑之中，作平面式排列，有时人物还排成上下二行或三行，但其空间关系并没有改变。

在初唐的一部分经变画中，依然采用并列方式表现人物群像，如第341窟的法华经变（图54），中央为释迦、多宝二佛并坐于宝塔中，两侧比丘、菩萨各排成几行。但比起隋朝的经变来，人物之间有了较大的空隙，而且两侧的僧侣们所坐的方毯形成的斜角，显示出了空间的深度，说明唐代画家们已经有意识地在创造一种空间关系了。

图54　莫高窟第341窟东壁　法华经变　初唐

2. 八字形排列

中央描绘佛像，两侧的佛弟子、菩萨等圣众呈斜向排列，如汉字的"八"字形。这比起初期的"一"字形来，画面便从平面走向了三度空间。第 332 窟东壁的灵鹫山说法图，佛两侧的弟子和菩萨分为两列呈八字形对称地画出，形成了一种由近及远的空间关系（图 55）。而且两侧的尊像均面向中央的佛像，描绘成半侧面的形像。这也比早期的完全正面形象更具有空间感。第 45 窟正面龛顶上部描绘的释迦多宝佛说法的场面，两侧的菩萨较多，形成了二重的八字形排列。第 205 窟南壁的

图 55　莫高窟第 332 窟东壁　灵鹫山说法图　初唐

净土变也是以佛像为中心形成二重或三重的八字形构成，通过这样斜向排列的群像而表现出了一定的空间来。

二重乃至多重八字形排列，尽量避免一线并列，表明了画家表现空间关系的一种强烈愿望。不仅仅在于排列，如佛与菩萨等形象的相互交错、前后遮挡等手法也在增加，如前面的菩萨将后面的弟子的下半身遮住等情况，改变了早期壁画中尊像都完整地描绘出来的状况。这时不止是描绘尊像，而且要通过尊像的排列来表现空间了。

第148窟的涅槃经变中描绘释迦为佛母说法的情节，释迦被描绘成半侧面的形象。在释迦的身后一列人物面向右，与之相对的一组人物则面向左，两组听法的人物正好形成八字形排列，而显示出一种空间关系来。

3. 圆形排列、星云式构成

以佛、菩萨像为中心，周围的尊像环绕成圆形。这是比直线形更为自由的排列方式。盛唐以后净土图式的经变画中出现较多。第45窟北壁的观无量寿经变、第217窟北壁的观无量寿经变都可以见到。

这种圆形排列进一步发展，尊像（人物）更为增加，经变画中形成了多组的群像。每一组中以某一佛像或菩萨为中心，其余的尊像或近或远，或聚或散，但都向着中心的尊像，好像星云一样。又有飞天在其间穿梭，使全画面统一起来。

尊像的主从关系常常是以形象的大小来决定的。中国古代绘画的习惯是地位高的人物形体较大，地位低的人物形象就小。所以经变中重要的尊像形象必然画得很大，这与远近表现无关，却在画面构成中起着重要的作用。

唐代经变画中，说法场面描绘三组群像的情况较多。这有早期壁画中三尊像的影响。最初本来是一佛二菩萨的构成，由于经变中群像增多，形成了分别以中央的一佛和两侧的二菩萨为中心的三个群体，如盛唐第45窟北壁和第217窟北壁的观无量寿经变，中央为无量寿佛，两侧有观音和势至二大菩萨，这三尊像周围又各有一群菩萨围绕而形成了三组群像。而这三组群像往往不是并列的，而是中央一组稍高，两侧的两组稍低一点，构成如汉字的"品"字的形状（图56）。盛唐经变画规模较大，常常在上部描绘了三组群像，又在下部两侧各绘一组以佛像为

图 56 莫高窟第 217 窟北壁 观无量寿经变 盛唐

中心的群像，形成五组的构成。如第 148 窟东壁的观无量寿经变和第 172 窟南北壁的观无量寿经变就是其例。

　　叙事性的经变中，以佛像为中心，周围的人物（尊像）可以更为自由地排列。例如第 332 窟南壁的涅槃经变，八组群像都是以释迦为中心来描绘的。除了第一组类似通常的说法图外，从第二组开始，佛是以涅槃相（横躺的形象）出现或以金棺来象征佛。弟子们总是围绕着释迦活动。一组一组之间在时间上都有着某种接续性，在画面上也表现出一种方向性来。如图 57 中下面的部分人群向左行进，而上部画面中的人群则向右行进，这标示出画面故事发展的顺序。而画面上方的飞天也表示出同样的方向来。背景中的山峦也表现出一定的空间关系来。上部的人物相对画得较小，下部的人物相对较大，这也是空间关系的表现。随着视线的移动，由一组画面到另一组画面，给人与时序发展之感。

图 57　莫高窟第 332 窟南壁　涅槃经变（局部）　初唐

如前所述，说法图中通常对佛、菩萨等尊像都描绘其正面的形象，这是宗教崇拜的目的。而在叙事性经变画中，根据故事情节的发展，常常出现不描绘正面形象的情况。如第 332 窟的涅槃经变中，描绘佛弟子们的侧面甚至背面的形象（图 58）。这样更为写实地表现出远近的空间关系来。而由群像的聚散，也体现出一种空间的关系。

图 58　莫高窟第 332 窟南壁　涅槃经变（局部）　初唐

建筑构成

建筑画是经变中的重要组成部分，尤其是在净土图式的经变画中，如果没有建筑恐怕也就没法表现净土世界了。隋代画家展子虔和杨契丹都以建筑画而著名，而当时宫殿建筑实物也给画家们提供了写生的对象。《历代名画记》曾记载当时画家杨契丹长于画建筑，郑法士想要借他的画本（底稿），"杨引郑至朝堂，指宫阙、衣冠、车马曰：此是吾画本也。由是郑深叹服"。说明那时的画家是以现实的宫殿建筑为依据来画的。由于这些画家们的努力，使隋唐时代的建筑画达到了极高的水平。特别是唐代以后的建筑画在表现远近的空间关系方面取得了很大的成果。

敦煌壁画中隋代经变中的建筑往往描绘一座单体建筑。唐代以后，建筑群的描绘更受到重视。这些建筑都是以中轴对称的形式，中央描绘一座大殿，两侧又有数幢殿堂，建筑物之间以回廊相通，通常在画面下部还要绘出平台。当然这里表现的建筑群也并不是唐代建筑的完整再现，可能仅仅是那时佛寺的大殿及相关的建筑①。画家们主要是通过这些建筑来作为佛说法的背景，并象征佛教净土世界。因此，也许并不全是写实的，也会有想象的部分。相对于描绘真实的建筑来，画家常常会从绘画构成的角度来表现建筑的形体及其位置。但从隋入唐，建筑画逐渐向三度空间发展则是一个大致的倾向。

1. 正面投影

隋代的经变画中的建筑构成较为简单，一般都是以正面投影的形式来表现的。例如第419窟、第423窟的弥勒经变，中央描绘较大的殿堂，两侧描绘的是两层或三层高的楼阁（图59）。采用正面投影的办法，看不出远近空间的关系，这是汉代绘画中常用的古老的方法，较直观和简略。

实际上在西魏第285窟的故事画中已经出现了以侧面形象表现建筑的办法，表现出一定的空间深度来。在隋代的故事画中，也常以房屋建筑形成的转折线来分隔故事情节，并具有一定的空间感。为什么隋代的经变画中对建筑的描绘又回到了古朴的方法去了呢？实际上不仅仅是

---

① 萧默《敦煌建筑研究》，文物出版社，1987年。

图 59　莫高窟第 423 窟窟顶　弥勒经变　隋

建筑，如前所述在尊像（人物）的描绘方面隋代也有平面化的倾向。

与北朝石窟的雕刻相比较，如云冈石窟、龙门石窟、响堂山石窟等，北朝时期的建筑几乎都是正面的形象。雕刻本来是一种立体的东西，具有空间的气氛。敦煌壁画中所见的建筑多少受到了北朝雕刻的影响，这是不难想象的。正面的建筑与正面的尊像一样有一种堂皇之感，从佛教崇拜的角度来看，正需要这样的庄严感和神圣感，比起合理的远近空间表现，更重视佛教崇拜的意义，所以隋代的画家们采用了北魏以来的古拙的平面投影形式。

2. 三段构成

初唐的经变画大体上还保留着说法图的构成形式，但比起说法图来，空间的范围大大地扩展了。三段式构成就是说法图扩展以后的产物。经变画中按水平线分成三部分，中段是说法场面；下段描绘净水池和平台，平台上往往有乐舞形象；上段象征天空，有飞天等形象。如第221 窟南北壁分别绘出净土变，两铺净土变的构成一致，都是三段式构成。中央部是画面的中心，平台上绘出说法的佛及环绕的菩萨圣众。下部为净水池，上部为天空。中央的平台前有栏杆，把中段的画面与下段隔开。类似这样的三段构成在初唐的经变画中十分流行，但其中三段的内容却在逐渐变化。如为了表现舞乐的场面，下部的水池往往用池上的平台来代替。如第 334 窟北壁的阿弥陀经变，上部描绘天空，中央部画出平台上的说法场面，下部也在池上的平台中描绘舞乐场面（图 60）。这样的构成在第 331 窟、第 335 窟、第 340 窟的净土变中都能看到。中央的说法图总是经变的主体，要占据很大的画面，下部的舞乐和上部的天空所占比例则有所不同。如第 329 窟的阿弥陀经变，天空的部分就很小，中心部是说法的场面较大，建筑物画得较高，最下部舞乐的场面较小。可是盛唐以后，舞乐场面所占的比例就越来越大了。

图 60　莫高窟第 334 窟北壁　阿弥陀经变　初唐

　　说法和舞乐的场面都离不开建筑的背景，而通过这些建筑背景就表现出远近空间的关系来了。在三段的最上部，通常是象征天空的，如第 321 窟北壁的经变画中，在佛说法的平台以上的画面，用深蓝色绘出天空，还描绘出很多飞天飞来飞去，使人感到空间的无限辽远。

　　不仅阿弥陀经变，初唐的弥勒经变也常常采用三段构成的办法。如第 331 窟南壁的弥勒经变，上部绘出平台及楼阁，表现弥勒上生经的内容。中部表现弥勒三会说法场面，下部则表现儴佉王及其眷属们剃度出家的情景，具有现实感。第 329、第 341 等窟的弥勒经变也是类似的构成。盛唐以后，弥勒经变内容变得十分丰富，如耕作图、嫁娶图等世俗生活的场面表现得很多，画面就很难再明确地分出三段来了。

3. 舞台性

唐代以后绘画中的空间表现受到重视，并急速发展成熟。首先是通过净水池的描绘，使传统的说法图具有真实感。如第 322 窟北壁的说法图（图 52），下部描绘出净水池，池中莲花盛开，并有化生从中生出。方形的水池延伸到佛、菩萨的脚下，于是表现出由近到远的一种空间来。近处的水池较宽，远处相对较窄。如果沿水池两侧画出直线，正好可以在上部相交。可是在水池的后面，再没有描绘景物，佛像背后的树木也有平面化特征，如果按线透视法沿水池画出的线继续延伸，仿佛有一堵墙壁一样，不能再向前发展，空间仿佛到此就停下了一般。于是画面就像一个舞台一样，仅仅能看出佛像前面这一段空间，后面就是舞台的"后壁"了。也许画家们觉得佛像身后的空间没有必要再画，说法图本来就是佛说法的一个舞台。

在第 340 窟的经变画中，也可以看到同样的表现，第 205 窟南壁中央的经变画，在佛像的后面画出了如墙壁一般的装饰带，像一道墙，而在这墙的后面，什么也没有描绘。由佛像前面的平台形成的空间发展到这里就停住了。

这样的舞台式构成在初唐到盛唐时期一部分经变画中出现，虽说舞台式的空间还不能算是完整的空间构成，不过，仅仅这样已足以使唐代以后的经变画发生质的改变。画家们在表现这一有限的空间中探索着远近透视的规律。

4. 鱼骨式构成

古代中国画家描绘空间的最有效的办法，就是欧洲人称为"鱼骨式构成"的方法①。其特征在于画面中，以中轴线为中心对称构图，两侧的建筑等景物形成的斜线与中轴线相连，形成像鱼骨那样有规律的排列形式。

下面我们以盛唐第 172 窟北壁的观无量寿经变为例来看唐代壁画中的鱼骨式构成是怎样形成的。首先我们在画面的中央画出一根中轴线。由下而上，这条中轴线贯穿了小桥、平台、佛像、大殿等建筑。中

① "鱼骨式构成"这个词最早是西方美术史家用来指文艺复兴时期佛罗伦萨画家杜乔的作品所表现的空间处理方法。日本学者小山清男氏在对日本古代曼陀罗画（经变）分析时，把它用于东方美术的分析（见小山清男《幻影としての空间》，东信堂，1996 年）。

轴线两侧的建筑都呈对称排列。于是我们把两侧的建筑形成的斜线向中轴线连接起来，就形成了鱼骨的形式（图61、图62）。中轴线两侧的斜线大体上是平行的，不同的斜线与中轴线连接而形成的交点就有很多，说明作为透视的消失点不在一个点上，而是不断地推移。这就是鱼骨式构成的特点。比起科学的透视法来，它还不完善，但在科学的透视法还未发现之前的8世纪，鱼骨式构成就是表现空间远近关系最有效的办法。欧洲从13世纪开始研究远近表现的方法，到了文艺复兴时代产生了科学的透视法。可是在中国8世纪前后就已产生了鱼骨式的处理方法，大大地推进了空间关系的表现。

图61　莫高窟第172窟北壁　观无量寿经变　盛唐

　　鱼骨式构成在表现经变方面取得了极大的成果，在唐代很快就得到普及。从莫高窟盛唐以后的经变就可以看出，大部分经变画几乎都采用了鱼骨式的方法，第45窟、第171窟、第148窟等窟的经变画中，都有成功的描绘。这种以中央殿堂为中心，两侧配置宫殿楼阁等建筑，形成对称构成的经变画在当时成为了经变画流行的构成方法。

　　鱼骨式构成的方法，其消失点沿中轴线在向上延伸，说明视点在

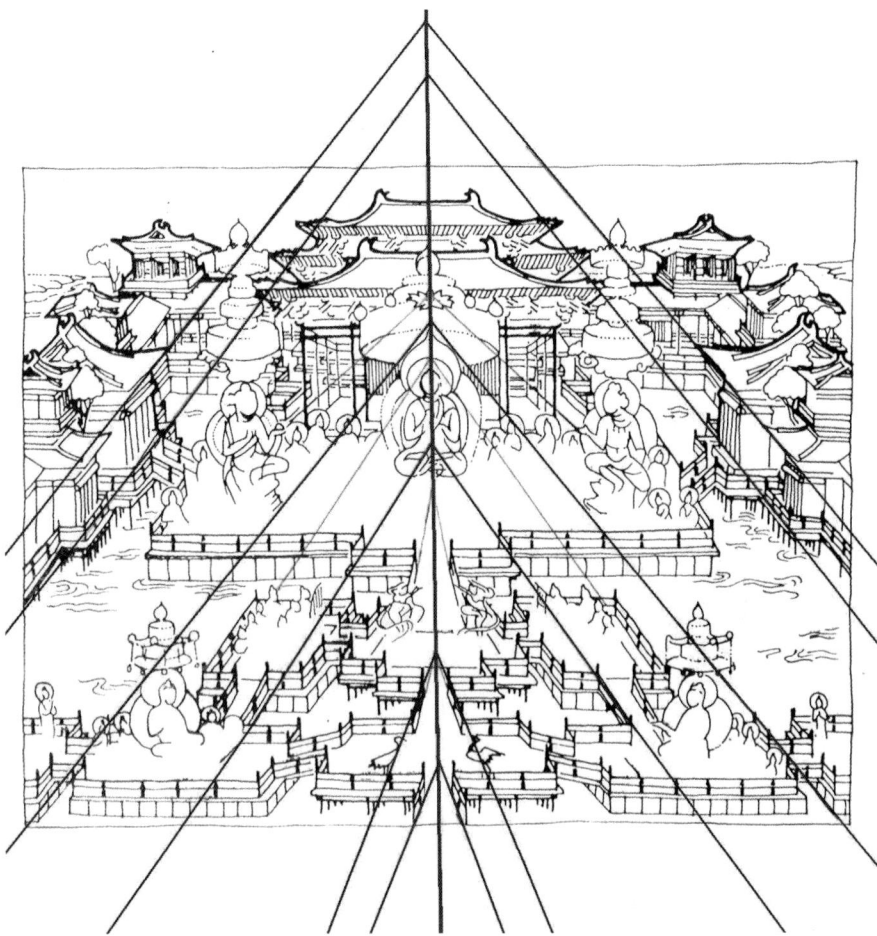

图 62　鱼骨式构成示意图

逐渐地上升。但问题还在于经变画中视点的移动也并不是按一定的规律移动，于是就产生了很多矛盾。而当时的画家的出发点却是构图比透视更优先考虑。由于经变画中人物众多，景物也较丰富，画面的构图就很重要，这也就是《历代名画记》把它列为"六法"之一的"经营位置"，所以我们在画面中看到的人物或建筑物可大可小，可远可近，其配置的原则并不在于远近透视关系，而在于构图的需要。

　　如果仅从构图的角度来看，鱼骨式构成也可以理解成中轴对称的方法。但两者是有区别的，鱼骨式构成意在表现远近的空间关系，而中轴对称则可以不管远近透视。结果，唐代后期的经变虽然有一些在透视方面更为进步，而更多的经变则是发展了中轴对称构图的形式，而把透视关系放在其次的地位。

5. 视点的问题

如果从科学的透视法来看，唐代经变画的透视表现有时是很混乱的。比如同一建筑物的上半部好像是仰视的角度，而下半部可能就描绘成俯视的，结果当然其消失点并不在同一点上。

从初唐的建筑画中可看出画家们对建筑的描绘手段尚未成熟，多刻画单体建筑，或将这些单体的建筑简单地连接起来，有些不自然。如第225窟南壁龛顶的净土变（图63），两侧的建筑好像从极高的视点向下看，而中央的建筑则像是仰视所见的样子。而位于建筑当中的佛像的视点，既不像中央的建筑也不像两侧的建筑，于是画面中至少出现了三个明显不同的视点。这种视点的不统一使画面有一种不自然之感。

图63　莫高窟第225窟西壁龛顶　西方净土变　盛唐

第45窟北壁的观无量寿经变较为特别，中央的建筑物在透视方面有着明显的矛盾（图64）。但如果我们的视点稍微改变一下，就可以看懂画面的远近关系了。比如当你看画面左半部时，视点就在左侧。看画面的右半部时，视点就在右侧。如果要按科学的透视法，只能确定一个视点，那么左右的透视关系就是矛盾的。但画家并没有科学的透视方法，他们是以构图的需要来安排这些景物的。使画面形成

图 64　莫高窟第 45 窟北壁　观无量寿经变　盛唐

中轴对称之美，而不是景物的真实。盛唐以后经变画中的建筑，视点逐渐协调统一是一个趋向，如第 172 窟、第 148 窟的观无量寿经变就是代表之作。

　　不仅是建筑物刻画中存在矛盾，建筑物与人物（尊像）之间也存在着矛盾。通常对于佛、菩萨的描绘，往往视点稍低于水平线，以利于表现其崇高的形象。而对建筑的描绘一般是从俯视的角度更能表现出其复杂的结构来。这样的矛盾在唐代的经变画中一直存在着。即使像第 172 窟那样成熟的经变画中也不例外。实际上古人已经习惯了这样不科学的处理手法。尽管其表现的景观不完全真实，但中国古代的画论，一般都不要求绘画要多么逼真，而往往强调的是一幅画是否表达出某种精神境界，即所谓"气韵生动"。

山水背景的作用

　　除建筑物以外，山水风景也是最能体现空间关系的要素。唐代以后山水风景常常出现在经变中，使经变画的空间表现更为丰富了。但是山水景物的空间构成关系与建筑不太一样，在壁画中的表现存在着很大的差异。

1. 叙事性经变中的山水

叙事性经变还保留着一点北朝时期的表现方法，所以往往画面中有机地配置一些与故事相关的山水景物。如第332窟的涅槃经变中山水风景就起着很大的作用。从某种意义上说，这铺经变的内容就是在一幅大型山水画中展开的。这当然也有着唐代山水画成熟的影响。

第148窟的涅槃经变则是以山水画来构建经变的成功之作。本窟是一个大型洞窟，正面佛坛上有长达14.4米的卧佛，在卧佛身后的西壁到北壁，绘制出规模宏大的涅槃经变。画面用连绵的山水组成巨大的山水图。其主题内容都在这幅山水图中描绘出来（图65）。

图65　莫高窟第148窟北壁　涅槃经变（局部）　盛唐

2. 净土世界空间的延伸

净土图式的经变中主要以建筑物作背景，由于建筑物都有明确的轮廓线，通过这些线而形成的诸如"鱼骨式构成"等方法，从而表现出远近关系来。相比之下，山水风景表现的远近关系多少有些暧昧。比如一个山丘，可以把它看作是远山，也可以把它看作是近景。唐代壁画中的青绿山水图，像这样的情况比较多。在一部分阿弥陀经变和观无量寿经变等以建筑为主体的经变中，有时也用山水来作配景，在建筑物周围描绘一定的山水树木，把建筑物没有完成的一些空间补充了出来。如第172窟北壁的观无量寿经变，在建筑物后面画出一些远景山水，给人无限辽远之感（图66）。这样的方法改变了初唐那种舞台式背景的不足，而使画面的空间表现达到完满。中唐以后综合处理山水与建筑的经变较多，通常建筑物作为近景，山水作为远景，把远近空间有机地联系起

图66　莫高窟第172窟北壁　观无量寿经变（局部）　盛唐

来。如中唐第 231 窟北壁的弥勒经变、第 112 窟南壁的金刚经变、晚唐第 85 窟南壁的报恩经变等等。

3. 从以建筑为中心到以山水为中心

弥勒经变在隋代多以建筑为中心景物，但在盛唐以后开始以山水背景来表现弥勒经变，并形成了固定的形式。第 445 窟北壁、第 446 窟北壁的弥勒经变都是以山水为中心而描绘出来的。弥勒经变通常在中央部绘出须弥山，山上绘出宫殿，象征须弥山和兜率天宫的景象。第 33 窟南壁，第 446 窟北壁的弥勒经变形成了新的山水空间。中心仍然是须弥山，但在周围绘出绵延的小山，仿佛从宇宙的高空向下俯视的远景山峦，给人以无限远、无限辽阔的空间感（图 51）。这样的描绘符合佛经的记载。须弥山作为远景置于画面上部，而近景中则表现儴佉王及眷属剃发出家以及嫁娶图、耕作图等场面。这些富有人间生活气息的场面显得十分写实，而空间处理的成功，也使画面具有写实性，把须弥山的世界（天国）和人间世界这两重世界统一在一个画面中了。中唐时代的第 231 窟北壁东侧的弥勒经变没有绘出像第 33 窟那样带有神秘色彩的须弥山，却描绘出云环雾绕的兜率天宫，近景中也是十分写实的山水风景，近处是平原，其中还描绘出动物在安静地或走或停。同样也是天界与人间都描绘在同一画面中，而人间的现实世界特征更强一点。

其他的经变画中，以山水风景为主体的还有法华经变、十轮经变、金刚经变、楞伽经变、报恩经变等。初唐第 321 窟的十轮经变是一铺独特的经变，莫高窟仅此一例（图 67）。整体看来金字塔式的山峰占满了全画面，主峰的两侧还有连绵的山峦。在主峰下面是经变的中心部分，即佛说法场面。整体的构图十分稳定，所有的场面都在山峦中展开。

晚唐以后流行的报恩经变，多描绘世俗生活的场面，全画面以山水作背景，如第 112 窟就是代表，佛说法的场地不再是水池上的平台建筑了，而像是在野外的广场。背景是雄奇的山峰，在山峰中还描绘一些与经典相关的故事（图 68）。唐代后期的报恩经变描绘较多的是故事场面，但山水往往缺乏统一的构成。

金刚经变也是中唐以后才流行起来的。通常描绘以巍峨的山峰为中心的景观。如中唐第 369 窟南壁的金刚经变，中央是金字塔式的山峰，具有一种震撼人心的力量。楞伽经变也是绘出以楞伽山为主体的景

图 67　莫高窟第 321 窟南壁　十轮经变　初唐

图 68　莫高窟第 112 窟北壁
　　　报恩经变　中唐

观。楞伽山的形象很像须弥山，也是上广下狭，如高足杯的形式。经变中除了较大的一座楞伽山外，还画出了很多小型的楞伽山，这些山峰之间没有什么有机的联系，缺乏空间关系上的作用，仅具有佛教的象征意义。

六　小　结

敦煌壁画的经变画隋朝开始出现，唐代兴盛起来，而且在空间表现方面形成了人物群像、建筑、山水等综合表现的方法。初唐开始在处理群像的同时，注重建筑物的描绘，盛唐以后形成了鱼骨式构成的空间表现法，使净土图式经变画中建筑艺术达到极盛时代。相比之下，山水风景完全进入经变画要稍晚一点。但在盛唐以后，山水画的成分在经变画中不断增加，中唐以后，以山水画为主要背景的经变画越来越多。这大约是由于唐代山水画发展的影响吧，由于建筑画和山水画的成熟而使唐代的经变画构成臻于完善。

第二节　敦煌唐代壁画中山水的空间表现

一　引　言

中国传统绘画中没有产生像欧洲那样严格的透视法，但并非没有空间表现的观念和技法，特别是在唐代山水画兴盛的阶段，为了很好地表现风景，画家们也开始探索空间表现的方法，并积累了一套较为成熟的空间表现方法。古代画论中对于远近空间表现，常用"深"这个词语。唐代以后，"深"也成为对山水画评价的一个标准。唐代的画家们是怎样表现深度的，文献的记载不详，但从敦煌壁画的实例中是可以看出当时的空间表现特征的。本节将探讨唐代画家们对空间表现的认识，以及唐代壁画中山水空间表现的特征。

二　唐人对深度表现的认识

从南北朝到唐代，曾产生过许多著名的山水画家，然而他们的作品没有一件保存下来，使我们对这一时期的山水画发展历史，特别是空间表现的特点很难有一个完整认识。但从流传下来的画论资料中，我们却可以看出当时对画家以及山水画作品的评价，从这些评论中，我们发现了唐代山水画的一个重要特点，即对"深"的表现的重视。

中国古代的画家最早意识到绘画空间表现这一问题的，大约是南北朝时代。南朝宋代的画家宗炳提出了"竖划三寸，当千仞之高；横墨数尺，体百里之迥"。这可能是文献中关于空间理论的最早论述。姚最的《续画品》中也有类似的理论。如评论萧贲的作品时说："咫尺之内而瞻万里之遥，方寸之中乃辨千寻之峻。"宗炳和姚最的理论反映出来的当时山水画表现特征是，在画面中横向可以表现出千万里遥远的景色，而纵向则可描绘出山峰的高度。萧贲等画家的作品已没法看到，从现存南北朝时期的壁画来看，当时的山水表现还十分稚拙，看不出完整的空间关系来。传为顾恺之的《洛神赋图》在某种程度上传达了原作的特点。其画面正如宗炳所说"横墨数尺，体百里之迥"，即在横向的画面中，展开一个一个的空间关系。敦煌北朝故事画中的山水画空间具有类似的表现。如北周第428窟东壁的萨埵太子本生故事（图15）。通过三段连续的画面，从萨埵太子兄弟与父母离别到太子被虎所食，亲人们收拾遗骨建塔供养为止的14个情节，采用了三段连续的长卷构图，随着时间的顺序而展开了空间的变化。

隋代以后，山水画逐渐发展，画家展子虔擅长画建筑和山水，当时博得了"咫尺千里"评价。所谓"咫尺千里"就是在小小的画幅内展现出千百里辽阔的风景。可以想象当时能在画面中表现千百里辽远的风景是十分不容易的，因此，这样的词语在当时应是极高的评价了。从传为展子虔的《游春图》中，大约也可以领略到这种咫尺千里的效果吧。比起南北朝时代的风景表现来，确实已有了很大的进步。如人物与山水风景的比例，远景与近景关系的处理等方面都体现出新的特点。不过，这个"咫尺千里"一词与上述宗炳、姚最提出的理论几乎是一样的意思，说明南北朝以来对绘画空间的认识到了隋代并没有太大的改变。

唐代以后，对山水画的评价标准发生了变化。"咫尺千里"之类的词用得较少。如关于卢楞伽的绘画，《历代名画记》的评价是："颇能细画，咫尺间山水寥廓，物像精备。"比起"咫尺千里"来，"山水寥廓"则包涵了对山水风景的某种意境，而物像精备更强调了对物像的具体刻划，可以说对山水表现提出了进一步的要求。另一位画家张璪，《唐朝名画录》写道："其山水之状，则高低秀丽，咫尺重深，石尖欲落，泉喷若吼。其近也若逼人而寒，其远也若极天之尽。"同书中对另一位画家朱审的评价是："其峻极之状，重深之妙，潭色若澄，石文似裂，岳耸笔下，云起峰端。"《历代名画记》对于朱审的评价则是："朱审，吴兴人，工画山水，深沉瑰壮，险黑磊落，湍濑激人，平远极目。"关于范长寿的画，《唐朝名画录》记述为"凡画山水树石、牛马畜产，屈曲远近，放牧闲野，皆得其妙，各尽其微"。

山水画家王维也是善于表现幽深的风景的，不仅《历代名画记》说他"重深"，《封氏闻见记》也说他"幽深之致，近古未有"。此外，青绿山水画家李思训也是"其画山水树石，笔格遒劲，湍濑潺湲，云霞缥缈，时睹神仙之事，窅然岩岭之幽"。也具有"幽深"的特点。还有一位山水画家王陀子，"善山水幽致，峰峦极佳"。

从以上这些评语中，我们看到，"重深"、"深沉"、"幽深"、"屈曲"、"幽"、"深"等词或类似的用语在唐代画论中一再被使用，而隋代以前的"咫尺千里"之类的词则极少出现，说明唐代以后，在小画面中表现出辽远的山水风景已不算什么特别的技能了，而更具体地描绘风景的空间关系，表现山水的意境，成为了唐代评价山水画的一个倾向。

比起"咫尺千里"来，"咫尺重深"更注重的是风景的深度表现，也就是三度空间的表现。从"咫尺千里"到"咫尺重深"表明了唐代山水画中，远近空间表现越来越受到重视。空间表现技法更加进步了。以下我们有必要确认一下唐人使用与深度表现有关词语的基本含意。

重：是指山峦树木等重叠之状。

深、深沉：是指具有三度空间的深度表现。

幽：则反映了一种具有幽静气氛的深度表现。

屈曲：则是山水树木的曲折复杂的状况，也是一种深度的表现。

从上述画论资料中，可以看出唐代对于"重深"表现的重视，也就是对表现三度空间的关注。而且在深度表现的基础上，还进一步要求对绘画的意境（幽）的追求。这一点可以说是中国山水画的一个重要进展。《历代名画记》中尚未直接提出对于空间远近表现技法的理论，但从"深远""幽深"等用语上，已经表明唐代山水画对深度表现的重视。比较系统地总结出山水画的空间表现理论，则是北宋时代的郭思，在他的《林泉高致集》中，提出了"高远""深远""平远"也即"三远法"的理论①，是唐人所说"重深"理论的发展。三远法是山水观察的方法，也是山水画构图的方法，但并不是科学的透视法。郭熙以后，北宋晚期的画家韩拙在他的《山水纯全集》中进一步提出了"阔远"、"迷远"、"幽远"②的三远法，从某种意义上说，具有空气透视法的特点。是山水画空间表现理论的发展。而这些表现技巧的很多方面实际上在唐代的绘画中就已出现了。

以下我们从敦煌唐代壁画中的实例来看唐人是怎样处理"深度"问题的。

三 唐代壁画中所见空间表现诸要素

至少在 6 世纪中叶以后，绘画中已经表现出较为进步的空间处理方法了。我们从四川成都附近出土的南朝浮雕《法华经变》中（图 46），就可以看出早在南朝的梁代，南方的艺术家已经掌握了接近线透视的空间表现方法，在这里佛像及周围的人物形象极小，房屋建筑、树木等大体上形成了一定的比例。如果在这个基础上继续发展，差不多可以产生接近于西方"透视法"的方法了。然而，事实是，在当时或后来的佛教美术中，这样的方法并没有被广泛采用，甚至是被

---

① 宋郭思《林泉高致集》："山有三远，自山下而仰山巅，谓之高远；自山前而窥山后，谓之深远；自近山而望远山，谓之平远。"

② 韩拙《山水纯全集》："愚又谓三远者，有近岸广水，旷阔遥山者，谓之'阔远'；有烟雾暝漠，野水隔而仿佛不见者，谓之'迷远'；景物至绝而微茫缥缈者，谓之'幽远'。"

抛弃了。对比敦煌壁画北朝到唐代的说法图和经变画，我们有理由认为成都的浮雕《法华经变》那样的表现方法，佛的形象太小，无法看清。这是不利于佛教宣传的，虽然它表现出比较真实的空间关系，但却没有体现出佛的高大形象来，因此这种方法在佛教艺术中没有很快得到推广。从北朝到隋代的壁画来看，构图较满，人物较大，对于画面整体来说，空间关系还没有表现出来。到了唐代，山水风景中比例的问题开始受到画家们的重视，人与山，人与树，山与树等方面的比例在不断调和，使画面达到和谐。同时画家注意到远景与近景的区分。

比例与远近关系

从现存的作品来看，汉代以来山水的描绘已经流行。在山东省、河南省出土的画像石、画像砖中所见的山水图像，其间山岳与人物的高度大体一样。山峰如驼峰的形式，连续绘出，具有图案特点，还不具备风景的空间感。敦煌北朝的山水图像，特别是在故事画中所表现出的山水，在横卷式画面的连绵绘出，基本上是继承了汉代绘画的空间处理方法。佛像、人物与山岳并不成比例，"人大于山"的情况是很普遍的。

当然我们应该考虑到，敦煌壁画作为佛教美术，首先它的目的是为宗教宣传服务的，在壁画中为了表现佛的庄严与崇高，通常要把佛像画得很大，旁边的菩萨及弟子像相对较小，供养人的形象则更小一些，这些大小的安排，往往与正常的比例或远近的距离没有关系，完全是宗教理念的需要。不仅佛教尊像如此，在世俗人物中也存在着按地位的高低把人物画得大小有别的情况。如第130窟甬道两壁的供养人像，身份高的人形象高大，身份低的人形象就矮小。在传为阎立本的《历代帝王图》中，我们也可以看到这样的情况。所以，在中国绘画中，对于人物身份地位方面的考虑往往优于真实比例的考虑。也许是由于这样的因素，在山水画中，始终没有出现完全合乎比例的场面。

尽管如此，在唐代山水画高度发达的时候，画面中的比例正在趋于合理。第209窟是最早一个改变了早期那种人大于山状况的例证（图

69）。这个洞窟在西壁和南北两壁的西侧画出佛经故事画，但却没有采用北朝以来流行的横卷式构图，而是在纵向的画面中以高大的山峰作背景，在山中表现出一个个说法场面及故事情节，高大的山峰远远超过了佛像的高度，树木也画得较小，与山峰构成一种和谐。虽然山峰还缺乏立体感，树木也不完全写实，但在比例方面，确实是一个巨大的变化。画家们已经意识到要在画面中反映一种接近真实的比例。

图 69　莫高窟第 209 窟西壁　佛经故事画　初唐

此外，第 321 窟南壁的十轮经变中画出了大规模的山峰（图 67）。如金字塔形一样体现出重量感。比起以前的壁画来，山岳占据了全画面，显得十分高大。人物不再是与山水无关的存在，而是人物活动于山中，画面显得完整了。比起早期的壁画中那种象征性的山峰图景，这里的山岳具有强烈的写实特征。在这样宏大的山岳中，还描绘了很多具体的场面，使这一空间十分充实。当然，不论山水表现多么进步，在佛教绘画中，仍然还是要优先表现佛像的。第321窟的壁画也不例外，画面中央的说法场面，我们就无法按正常的比例来衡量。但排除这一层宗教的因素，画面周围所表现的叙事性场面中，明显地看得出人物与山峦景物的协调关系。

第217窟南壁经变画中，山水风景与人物的比例大体协调，但画家往往从故事内容的表现以及画面的构图出发，有时山比人高，有时则比人低，表明画家已掌握了比例的方法，但又不完全为比例所限，而是更为自由地表现佛经内容（图70）。

图70　莫高窟第217窟南壁　经变画（局部）　盛唐

盛唐第323窟在南北两壁画出了共七组佛教史迹故事画，故事与故事之间并没有必然的联系。画家在广阔的山水背景中描绘这一些故事。近处的人物高大，远处的人物较小，这一切又与山水的远近变化相关联，近处的悬崖画得高大，远处的山水画得低矮，人物也同样，通过这样的区别构成一种空间距离感（图71）。近景表现峻峭的岩石，质感和纹理清楚，远景则较概括，表现柔和的远山。在颜色的应用上也通过石青与石绿的不同明度，分别表现远山与近景。在第148窟的涅槃经变中也可看出山水风景与人物之间的协调关系。充分反映了画家对比例关系的认识已经成熟。当然这种比例的协调也并非科学的比例关系，而不过是视觉上的协调。

图 71　莫高窟第 323 窟北壁　山水　盛唐

山与树的比例

　　北朝壁画表现风景的一个现象是，很多场面中树比山高。如按真实的比例，树应该比山小得多，乃至看不到的程度。因此，为了表现出树木来，树比山高可能是必然的。当然光是树木的描绘也有着高低的不同，如表现丛林就比单独的树木小得多了。这些都是从表现的内容出发来决定的，而不是从比例的角度来描绘的。这一点在唐代以后有了很大的改变，唐代的画家们有意识地在近景与远景中表现不同的树木，而通过不同的比例来区分出远近关系。如在山峰中表现丛林，在建筑前表现较高的树木等。

山峦与建筑的比例

北朝期的建筑表现十分简略，建筑往往比山峦还高。唐代以后建筑画艺术取得了很大的发展，特别是在经变画中往往画出雄伟的建筑来，比起山水来，建筑更为明确地反映出空间关系，很多经变画是以宫殿建筑为中心来描绘的，这样，山水风景如何与建筑调和则是一个不易处理的问题。在初唐壁画中常常可以看到建筑与山水风景生硬组合之例，但在8世纪以后的经变画中，建筑与山水的比例已经表现得十分协调了。第172窟的观无量寿经变就是代表的作品。

远景与近景的区分与联系

一般来说，画面的上部为远景，下部为近景，北朝时代的故事画中就可以看到这样的远近表现。北魏第257窟南壁的"沙弥守戒自杀因缘"图中第一个画面（图12），在上部画出一列远山，下部画出近景的山峦。不过由于上下山峦的大小及颜色没有区别，还不能很明确地表现出远近关系来。西魏第285窟南壁的《五百强盗成佛图》中，以斜向排列的山峦来表现远近关系（图14），这比北魏时期平列山峦有了很大的进步。虽说由于山峦的大小没有分别，空间关系依然不明显，但已反映出当时画家们对空间表现的一种探索。唐代以来，画家们对远近大小的关系有了具体的认识，远景的山峰与近景的山峰以不同的形状来表现。且远景的山峦简略，近景山峰描绘详细。

隋代以后的壁画中已可以看到细致地刻画的近景山岩了，在第276窟壁画中，以强劲的笔力刻画出岩石的轮廓，并体现出一定的质感。初唐第332窟、第335窟壁画中，近景山峦险峻、陡峭，而远景山峦平缓，从而大体上区分出远近关系。

色彩的应用也区别出远近的空间感。第323窟、第217窟、第103窟等窟的壁画中，近景山峰基本上施以石绿色，而远景山峦多施以石青。石绿具有明亮感，而石青相比之下则显得较暗，这样的明暗对比就体现出一定的空间关系来。中唐以后，远景中的施彩比近景颜色更淡的情况较多。无论如何，以色彩关系来表现远近空间可以说是唐代山水画的一种基本技法。

叠压、遮挡表现

早期的壁画里有一个有趣的现象，表现佛、菩萨等形象时，很少有叠压的，几乎每一身佛、菩萨的形象都是完整的，很少被别的形象遮挡。北魏的第 263 窟、西魏的第 285 窟北壁、北周的第 428 窟南壁的说法图中，都可以看到佛和菩萨仿佛排列在一条线上，没有叠压和遮挡的情况，也没有前后的区别。当然并不是绝对没有遮挡和叠压，但尽量避免叠压是当时佛像画的倾向，这种情况直到隋代仍在继续。在隋代第 244 窟说法图中，佛与两旁的菩萨仍处于同一平面上。

实际上，在北魏的故事画中，在人物较多的情况下，已出现了遮挡的现象，前面的人物遮住后面的人物，后面的人物只画出半身或只有一个头部等等。而在说法图中，大约为了表现佛像的庄严，尽量避免遮挡。即使到了唐代，在佛说法的场面中，仍然尽量把佛像画得较完整。

而随着山水画的发展，画家们渐渐发现了利用遮挡法，可以表现出空间层次来。特别是在大型经变画中，人物众多，景物丰富，为了表现具有深度的空间，大量采用遮挡的办法。初唐第 321 窟南壁的十轮经变中，表现崇山峻岭中隐藏着千军万马，乘骑的一部分隐藏在山峦的后面，有的山头上部仅画出士兵的头部或画出旌旗，使人感到其中有深远的空间。初唐第 209 窟的故事画中，房屋建筑也往往被高大的山崖遮住半边，山峦与房屋之间就体现出一定的空间来了（图 72）。第 323 窟北壁张骞出使西域图中，表现张骞一行沿山路远去的场面，人物大半隐没在山中。同窟南壁表现乘船的人由远方而来，船的后半部被山峦遮住，而近景中的山崖把河流遮住，风景显得十分复杂，层次丰富（图 73）。在大规模的经变画中，人物半隐在山峦之中而体现空间的场面是很多的。如第 321 窟南壁的十轮经变，表现人物众多的军队，只描绘出一部分骑兵的上半部及旌旗，使人感到似乎有着千军万马隐藏在山中，体现出一种延伸的空间。另外如盛唐第 45 窟南壁的观音经变中，表现胡商遇盗的场景，强盗持刀从左侧的山中出来，其中有两人的下半身隐藏在山崖后面，这样，画面中就有了一定的空间感。

山与人与树木、建筑的相互遮挡，体现出一种远近层次关系来，唐朝的画家们利用这一法则，使画面的空间变得无限深远。

图 72　莫高窟第 209 窟西壁　故事画　初唐

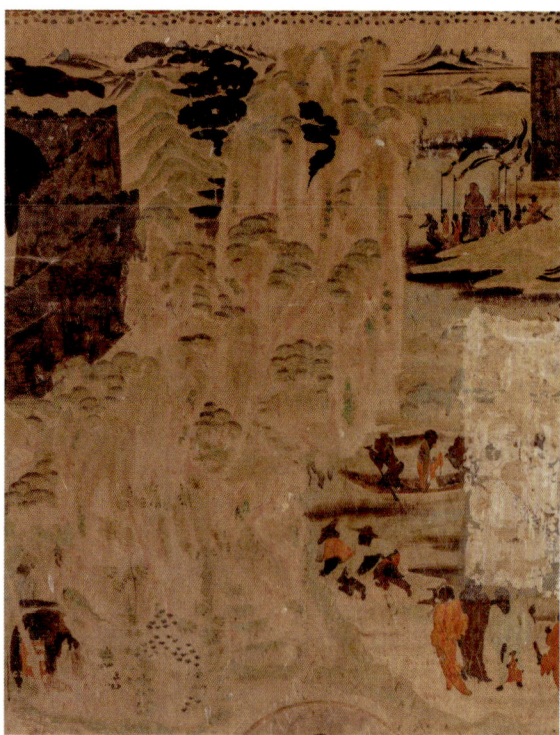

图 73　莫高窟第 323 窟南壁　山水　盛唐

地面的距离感

唐代以后对空间深度的表现往往是从背景以及地面的描绘中体现出来。初唐第 322 窟的说法图就是典型的一例，这是当时流行的说法图样式（图 52），描绘了一佛、二菩萨，另外还有六身供养菩萨和四身飞天，背景表现一个净水池和树木，从水池的部分体现出类似"线透视"法的前后关系，六身供养菩萨在佛的前后不同位置，标志出由远及近的位置。但这种透视关系仅仅能从地面的表现看出，画在水池后面的树木，则似乎是在一个平面上的布景，也就是舞台式的背景表现（参见本章第一节）。

第 329 窟北壁的经变画中，把画面分作三个部分，可以把最下面的部分看作是近景，由此往上，则为远景，从而体现出空间距离来。但这种空间只能从背景中看出来，从佛像的表现中却看不出来。山水画也是这样，从第 217、第 323 等窟的山水画中，可以看出这种由地面反映出的距离感。比起隋代以前的说法图来，这样的表现手法是一个本质的飞跃，反映了唐代画家已经掌握了表现空间深度的关键技法。

由斜线到曲线

早在四川省出土的汉代画像砖中，就已在一定程度上对空间深度有所表现。如德阳出土的后汉"播种画像砖"，以平行的水平线与斜线交错来表现水田的样子，体现出一定的空间感。彭县出土的荷塘渔猎图则以弯曲的斜线描绘出湖岸，沿这条曲线往上就有一种深度感（图 74）。说明汉代绘画中已经出现了表现空间的意图。

在敦煌早期的壁画中，也可见到利用斜线来表现空间的方法，北

图 74　汉画像砖　荷塘渔猎图

魏第257窟的九色鹿本生故事画中，用斜向的线表现恒河从上流下（图13）。河中还具体描绘出波纹。旁边还有多处斜向排列的山峦。这样斜向的山峦与河流在一定程度上体现出三度空间来。这样的表现技法在北朝时期逐渐地流行起来。西魏第285窟南壁的五百强盗成佛图，一组组山峦也是斜向排列的，一方面它可以分隔故事的场景，一方面也表现出了一定的空间感。北周第428窟东壁的须达拿本生和萨埵本生故事画中，多以斜向的山峦连续，如波状起伏，这不仅仅为了表现空间，而且还起着分隔画面的作用。这样的方法在西魏、北周的故事画中十分流行，但由于早期壁画在比例及远近关系方面还有很多没有解决的问题，这种深度的表现也是不太完整的。

隋朝的第420窟窟顶，表现法华经观音普门品内容时，画出曲折而流的一条小河，体现出由远及近的空间关系（图75）。虽说河流与周

图75 莫高窟第420窟窟顶　河流　隋

围的山峦还不太协调，但显然画家试图利用河流形成的曲折线条来表现山水空间。到了唐代，这种技法成熟起来，在处理山峦的远近关系的同时，再辅以河流的自然流动的曲线，空间的关系就十分明确了。

盛唐第217窟北壁观无量寿经变中十六观的上部，山脉呈斜向排列，仍然承袭着北朝以来的做法。不过柔和的轮廓线形成了山峦连绵不断，其前后关系的处理较为自然。盛唐第446窟弥勒经变中表现山峦沿弧线排列和延伸，山峦形状和大小没有更多的变化，但由于弧线形的排列，却产生一种远近的空间感（图76）。

图76 莫高窟第446窟北壁 山水 盛唐

除了山峰的表现外，利用曲折的河流来表现空间关系也是令人注目的。第323窟南壁"石佛浮江故事""阿育王金像"等故事画中，描绘了由远至近流下的曲折的河流，至近处河面变宽，从而具有空间的实感。盛唐第217窟南壁的经变山水中也沿山脚画出河流，曲折的河流从山峦后面曲折地流下，最远的源头被远处的山峦遮住了（图77）。河流绕山崖而下，与近处的河水相呼应，体现出一种空间深度来。在盛唐第172窟的东壁文殊变背景中，远处的河流两旁还画出树木，这些树木越远越小，近处的河流很宽，河中波涛汹涌，体现出远近对比关系，标志着唐代山水画空间处理的成熟技法（图78）。

图77　莫高窟第217窟南壁　河流　盛唐

图78　莫高窟第172窟东壁　山水　盛唐

在盛唐以后，这种利用河流的曲折线条表现空间的技法在壁画中十分流行，并逐渐形成了一种模式化的倾向，在中晚唐的壁画中，这些曲折自然的河流画成了转折强烈的锯齿形状，使本来表现空间的意义淡化，而成为了画河流的模式。在榆林窟中唐第25窟、莫高窟晚唐第85窟等窟的壁画中，都可看出这种模式化的倾向。

而与此同时，在树的描绘中，也采用这样的方法，表现一种空间感。如第159窟西壁文殊变背景、第468窟窟顶的经变画中，描绘出排列成行的树木，形成一定的弧线，由近及远，愈远愈小，表现原野的空间深度（图79）。这样的表现在中晚唐壁画中十分流行。

图79　莫高窟第159窟西壁　树木　中唐

云或留白的作用

第323窟南壁上部，在远山的上部飘动着一片白云（已变黑），使山水风景变得生动多姿。在第320、第172等窟中，也大量描绘了天空中的彩云。第148窟北壁的山水中，水平方向的一道白云遮断山腰，把前后的山崖分隔开来，表现出一定的深度和层次关系（图80）。

第112窟、第154窟等处的壁画中，云的表现也很丰富。中唐以

图 80　莫高窟第 148 窟北壁　云与山　盛唐

后，表现山水景物时，往往在上部留出一定的空间，在远山的上部描绘云层，具有辽远的空间感。

　　唐前期的山水画多为色彩丰富的青绿山水，天空也往往用蓝色或别的颜色填满，具有装饰效果。中唐以后，由于受水墨画的影响，开始在画面上留出空白来，表现天空或一种距离。特别是在色彩简淡的屏风画中，留白就比较多，如第 54 窟、第 468 窟的屏风画中，画面上部除了一些远景的树丛和远山、云层外，画面上留出了一定的空白，使空间显得很深、很远（图 81）。这种技法在五代北宋以后的水墨山水画中是很常见的，从敦煌壁画中可以看出，在中唐以后，这样的技法就很流行了。

视点的位置

　　早期壁画中的故事画多以横长画面构图，视点随着画面而移动。唐代大画面经变的流行，画面中视点的统一成为时代的要求。但唐代的经变画为了不影响表现佛和菩萨的庄严气氛，风景并不按严格的透视法则，仅仅在一定程度上采用了类似线透视的方法，如对风景的表现，视点较高；佛、菩萨的表现，为了体现其崇高，往往视点较低。这样常常出现佛像与景物、建筑的视点不一致，风景中也有山水与树木、建筑的视点不一致等现象。这大约是由于表现距离的方法源于建筑画，由于经变画中往往要描绘建筑，为了真实地表现建筑物，接近

图 81　莫高窟第 54 窟西壁　屏风画中的山水　中唐

于线透视的空间表现手法就产生了。唐代把"界画"列为独立的画种，并有一些擅长于画界画的画家。显然建筑画带来对空间处理方法的进步，但这似乎并没有影响到人物画的技法，画面中往往人物与背景空间的透视关系并不统一。各个视点不一致，造成了透视上的"不合理"。但这种"不合理"只不过是习惯了透视法的现代人的想法。其实在唐朝人看来，壁画上这样处理是完全"合理"的。在壁画中，通常山水的视点最高，其次为建筑，普通人物的视点接近于水平视点，而主尊佛像和胁侍菩萨的场面往往视点较低，以体现出一种庄严感。把从不同的视点观察到的对象有机地统一在一个画面上，形成了壁画中独特的空间层次，这种非透视的空间表现使画面处于一种真实与非真实之间，这正是中国画家对艺术空间一种组合方法，它使自然景物与佛、菩萨及普通人物在画面上协调起来，使画面的空间容量极大，可以包罗万象。

以上几个方面的分析可以看出唐代山水画在处理空间关系方面的成就，当然实际上敦煌壁画中远远不止这些方法。从这些实例中可以看出宋代画家郭熙总结出"高远""深远""平远"的表现方法在唐代都已经出现了。通过敦煌壁画，我们可以更深入地了解中国唐代山水画的具体面貌及其所取得的成就。

四 小 结

随着唐代山水画的发展，唐代画家们开始注意到风景的深度（即三次元空间关系）的表现。在文献资料中，我们仅仅可以看到如"重深"之类的用语，而在敦煌壁画的丰富画面中，则可以考察唐代绘画空间表现的多种手法，敦煌壁画当然不能代表唐代绘画的全部，但我们通过敦煌壁画是可以在一定程度上认识唐代绘画面貌的，并可以结合文献来推测出唐代长安及洛阳寺院壁画中的山水画状况的。

欧洲是在文艺复兴时代，三次元空间的方法即透视法达到成熟。其后，透视法便成了绘画的基本方法。可是，绘画毕竟不是摄影，透视法也不是绘画唯一的方法，更不是衡量绘画优劣的唯一标准。中国画家在唐代就已意识到远近空间的表现，并形成了一套有效的方法，但中国画家们却没有进一步把深度表现发展成更为科学的透视法。这是因为中国古代画家认为绘画最重要的是表现"气韵生动"，而不仅仅是形似。

第三节　唐代山水的构成

一　引　言

在宋代以后流行的卷轴画如郭熙的《早春图》等，山水往往是作为一个独立的画面来进行构图的。但是在唐代的壁画中，山水只是作为佛教主题的背景，它首先得考虑所要表现的佛教内容，一壁之中往往包括人物、故事、建筑、风景等多种因素，不可能单纯从山水画本身出发来考虑构图。但在唐代以来，随着佛教壁画艺术的发展，在一铺宏大的壁画中，可能是由许多具有相对独立性的画面单元构成，每一个单元中，可能会表现一个具有情节的佛教内容，其中的人物往往活动在由山水、风景组成的环境之中。这样，表现一个单元的风景就必然要考虑其空间构成的因素，从而使这一场景具有相对的真实感。虽然画家首先要考虑全画面的完整性，场景与场景之间都有着密切的联系，但每一场景空间的相对独立性同样存在，有时甚至为了强调某一场景，而使它与别的场景的过渡不太自然。在这些场景的描绘中，画家们充分吸取唐代山水画的成就，发挥其特长，创作出了许多美好的构成模式，有的还对后世的山水画产生了深远的影响。

随着对敦煌壁画的深入研究，敦煌壁画中的山水资料不断地被揭示出来，同时考古发现也使我们了解到唐代墓室壁画中的不少山水资料，综合地分析这些山水画材料，从中可以看出唐代山水画较为流行的构成形式，结合现存唐、五代及两宋的绘画资料中的山水画迹，大致可以推知唐代山水的习惯构成对后代山水画的影响等情况。本节将对唐代敦煌壁画中山水的一些构成样式进行分析，以期通过敦煌壁画来了解中国唐代山水画的一些具体特征。

以下主要分析在壁画中比较流行的"三山构成""金字塔形构

成""阙型构成""左右对比构成"等形式，实际上敦煌唐代壁画中山水画的构成远远不止这几种，对众多的山水构成法，将来还有待于进一步研究。

二 三山构成 ①

这是最早的一种山峦构成形式。汉字的"山"字，最初就写成"⩕⩕"，说明古人最早对于山的表现，是通过三座山峰来描写的。这是十分概括的表现手法，在绘画中自然也较早地被采用，从原始社会的彩陶到商周的青铜器以及汉代的画像砖中，我们都可以看到这样概括性的山水表现，敦煌北朝壁画中的山峦，也常常用这样概括的办法来表现。直到唐代，三山构成作为一种山峦的造型，仍继续出现在壁画及一些工艺装饰中。

在唐代壁画中，三山构成较多地用于表现远山。如第209窟、第33窟、第323窟、第217窟都能看到这样的远景。其基本结构是三座山峰并列，或中央主峰较高，两侧对称地各画出一座山峰。有时，两侧各有两座山峰与中央的山峰形成了五峰，其原理是同样的，也把它归入三山构成之列。在第209窟南壁的远景山水中（图69），三座山峰并列，其上部还有云层，云层之上又复有三山，其上又画云层，最上部，仅见中央一座山头。这样通过云遮雾绕，体现出辽远的效果。而山的下部也画出一道横线表现云层，这样一来，山与地面的关系，就由云层来隔开了，于是我们可以把三山看作三座山的山顶部分，而山下是被云遮住了的，三山的内涵由此变得丰富起来了。比较北朝时代以前的三山构成形式，可以说最大的区别就是在山下部画云层的作法，唐代的画家们通过云的表现给三山构成的古老形式赋予了新的内涵。第33窟南壁的弥勒经变中，在帏帐的后部是远山，大多是三个一组的山峦。

唐代后期屏风式壁画中常常出现与云共同描绘出的三山形式。不仅敦煌如此，在新疆阿斯塔那壁画墓中，描绘花鸟画的屏风式壁画在表

---

① 松本荣一在《正仓院山水図の研究》（《国华》，1940年第596号）中就已注意到了古代山水中三山并列的形式。小杉一雄《中国纹样史研究》（新树社，1959年）中论及山岳纹样时曾提到"三山"构成的概念，本文则把"三山"形式作为一种构成来讨论。

现远景时，也采用了三山构成的方法（图82）。每扇屏风的上部，都描绘出三座并列的山峰，上部还有橙红色的彩云，正是唐代最流行的三山构成画法。日本奈良正仓院所藏8世纪的紫檀木画槽琵琶捍拨绘《狩猎宴乐图》中，也用三山形式来表现远景（图83），三座山并没有排列成一排，而是中央的一座山头较高，两侧的山头稍低，形成一定的距离感，这样的作法也应是考虑到空间因素的结果。

图82 新疆阿斯塔那壁画墓 唐

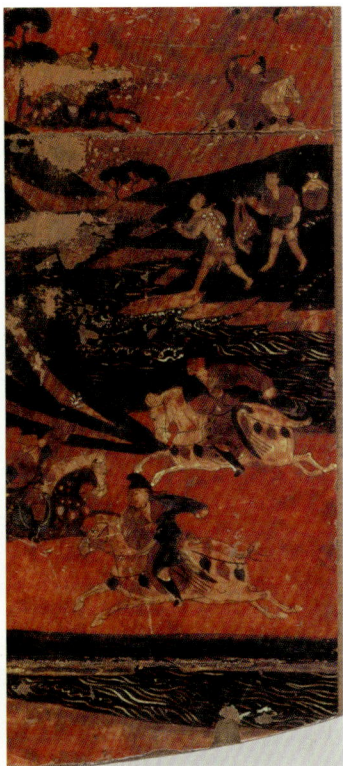

图83 狩猎宴乐图 8世纪
（奈良 正仓院 藏）

三山构成的形式具有装饰效果，所以在唐代的铜镜等金属工艺品上面，山岳图案也常常用这样的形式作装饰。如长安附近出土的仕女狩猎纹八曲把杯的底部，就刻画出三山形式；在美国西雅图美术馆所藏的一件唐代山水纹铜镜上，环绕镜钮中心描绘出四组山峦，每组都是主峰较高，两侧各有一峰的三山构成形式①（图84）。这是典型的三山形式，在铜镜边缘，也各有表现远景的三山纹样形式。日本法隆寺宝

---

① 该图刊于《世界美术大全集·东洋编·隋唐卷》，小学馆，1997年。

物中的海矶镜，以及正仓院的金银山水八卦背八角镜、红牙拨镂等器物的装饰纹样中也可以看到类似的构成。在正仓院的一件传自中国唐代的漆胡瓶中，三山构成的山峦也以图案的形式描绘出来，具有单纯明快的风格（图 85）。

图 84　山水纹铜镜　唐（美国西雅图美术馆　藏）

图 85　唐代漆胡瓶中的三山构成　8 世纪（奈良 正仓院　藏）

在很多场合，三山构成都是作为远景出现的，但在盛唐的壁画中，我们可以看到近景的三山形式。在第 23 窟南壁的法华经变中，下部的山峰就采用三山构成的形式，这是唐代画家对三山构成应用的新尝试。在日本正仓院藏的黑柿苏芳染金银山水绘箱（8 世纪）的盖子上，就有三山构成形式的近景山峰（图 86），说明这一古老的形式在 8 世纪仍然被广泛地采用。从某种意义上来说，三山构成并不是很适宜于表现近景的，在很多场合，它由另一种构成——"阙型构成"所代替。五代以后，除了在一些工艺装饰中应用三山构成外，画家的作品中很少再见到这样的构成了。

图 86　黑柿苏芳染金银绘箱盖中的山水　8 世纪（奈良　正仓院　藏）

三　金字塔型构成

金字塔型，作为平面来看就是个三角形，这也是概括地表现山峦的一种基本型。本来在早期的山峦大都是采用三角形的形式来表现的，但这里所说的金字塔型构成是指在一个画面中整体的构成呈现金字塔型的形式。它包含着形体和量感两方面的因素。当山水不是作为图案而是作为景物来表现以后，为了体现出山峰雄厚的量感而采用了使三角形状的山峰占满全图的构成方法，造成一种雄浑壮丽的气势。这种方法的最初作例是初唐武则天时期的第321窟南壁的十轮经变（图67）[1]。这幅经变是完全以山水为背景的最早作例。根据佛经，佛说法所在的山是灵鹫山。但灵鹫山到底是什么样子，中国的画家们谁也没有见到过，画家只凭自己的理解来创作。壁画中，画家于画面中央画出金字塔型的山峰，造成了一种雄伟而庄严的气氛。在两侧的山峦中，又分别画出很多小小的场景，表现佛经中的故事，又使山水景物显得丰富而有层次。

金字塔型的构成具有稳定感，同时也有中轴对称的效果，与那些以建筑为中心的经变构成有着异曲同工之妙。初唐第332窟东壁的说法图就以金字塔型的山峦作为背景，类似这样的宏伟的构成在其他经变中并不多见，但中唐以后的金刚经变多采用这样的构图。如第369窟南壁的金刚经变以及第154窟、第112窟的金刚经变等。从第369窟的壁画来看，宏伟的山峰占据了上部画面的空间，这样有助于表现佛的庄严与神圣（图87）。在第112窟的山峰中，画家注意到单个岩崖的具体刻画，但整体上仍是金字塔型结构。此外，在中唐以后兴起的屏风画中，也常常出现金字塔型的构成。第159窟的西壁文殊变下部画出的五台山图，就采用了金字塔型的构成。主峰雄踞画面中央，山峰上部有文殊菩萨在云中化现的形象，山的下部则表现寺院和僧俗活动的情形。在第361窟的五台山图中，也有一幅屏风画是采用了金字塔型的构成方式（图88）。

金字塔型构成在五代以后的山水画发展中，曾产生过很广泛的影响。我们从巨然的《秋山问道图》等山水画名作中（图89）就可以看到金字塔型构成的特征。《秋山问道图》继承了唐代山水画的金字塔型构成的特点，同时也注意对山脉走向的描绘，较好地表现出由远及近的山峰之间的联系，使画面全体统一，又表现出一种完美的空间关系。而且，比起唐代的绘画来，更善于利用画面的留白，避免了唐代绘画那种山水充塞画面，过分拥挤的毛病。巨然似乎对金字塔型构成有所偏爱，在他的另外一些作品如《层岩丛树图》、《山居图》等也都采用金字塔型的构成。在《层岩丛树图》中，主要描绘了两组山峰，形成了两重金字塔型构成，而在上部很大的画面中留白，空间感更为强烈了。

---

① 这铺十轮经变，最初由史苇湘先生定名为宝雨经变，见史苇湘《敦煌莫高窟中的宝雨经变》（《1983年全国敦煌学术讨论会文集·石窟艺术编》，甘肃人民出版社，1984年）。后来，王惠民先生根据相关资料，确定此壁画为十轮经变，见王惠民《敦煌321窟、74窟十轮经变考释》（《艺术史研究》第6辑，2004年）。

图 87　莫高窟第 369 窟南壁　金刚经变　中唐

图 88　莫高窟第 361 窟西壁　五台山图　中唐

图 89　巨然《秋山问道图》　五代
（台北故宫博物院　藏）

五代的画家十分重视山水画给人的雄浑之感。五代以后画家们在体现这种雄浑、庄严的意境时，往往注意到了给画面留出一定的空隙，从而改变了唐代的金字塔型构成的那种画面堵塞之感，在山峰的两侧留出一定的空间，使景色有一定的深度，这一点似乎是吸取了"左右对比构成"的方法。荆浩《匡庐图》在右侧有很大的空隙表现远景，但空隙的部分远远小于山峰部分，不能看作是"左右对比构成"，画面中强调主山的雄浑峻峭，依然是金字塔型构成的特征。在辽宁法库叶茂台辽墓出土的一幅山水图中，我们同样也可以看到类似的构成。

　　对于表现山势的崇高和雄浑之感，金字塔型的构成确有独到的魅力。然而，在大画面构图中，却往往有一种单调之感，以《秋山问道图》为代表的五代山水画改革了唐代传统的金字塔型构成，形成了新的时代样式，从北宋范宽的《溪山行旅图》、郭熙的《早春图》、南宋李唐的《万壑松风图》等名作中，我们都可以看出它的影响，而这些特征的最早源头是可以追溯到唐代的金字塔型构成的。

四　左右对比构成

　　唐朝的画家已开始注意到近景与远景的区别，特别是注意到了山水画深度的表现，其表现方法之一就是在画面的左边或右边画出高大的山峰，另一侧则画河流或较平坦的原野，这样形成了左右对比的构成，左右两侧一侧高、一侧低，一侧实，一侧虚，在构图上造成一种对比的韵律，同时又表现出山水的远近关系。这种从一座近景的山峰旁看到山后景色的方法，正是郭思所说的"深远"的表现法。

　　莫高窟初唐第68窟北壁观无量寿经变中的"日想观"场面的左侧，描绘韦提希夫人跪向落日礼拜的情景（图90），右侧描绘了连绵的山峰，在接近远山处画出红日。于是，画面的右侧为高山，左侧为平原，右侧狭窄，左侧宽阔，通过左右形成的对比，而体现出一种空间感。这样的构成形式盛唐以后更为流行，盛唐第323窟的南壁描绘出几组佛教史迹画，该壁内容丰富，构成较复杂，在画面的中部偏左侧，在一片壁立的峭壁旁，是蜿蜒的河流及河中的小船，形成左右对比构成的山水形式。第217窟北壁观无量寿经变中表现释迦说法的场面，左侧描绘出悬崖，山崖上有泉水流下，右侧表现为释迦说法的场面，虽说人物较满，仅从背景来看，左侧为悬崖，右侧为平地，就是一种左右对比的构成。

图90　莫高窟第68窟北壁　日想观　盛唐

　　观无量寿经变的构图通常是在中央画出净土图，两则以条幅的形式表现未生怨和十六观的内容。在十六观中，最上部的日想观表现韦提希夫人坐在山崖下，遥望远方的落日这一情景，画面的一侧画出山崖，另一侧画出曲折的流水和一望无际的原野。第320窟可以说是代表性的表现形式，左侧表现峻峭的山崖，右侧画出河流和原野，成为了表现日想观中最流行的构成模式（图91）。第172窟北壁的同一内容，则是右侧为高山，左侧为原野，以蛇形线绘出的河流把远近空间联系起来，体现出山水的写实性。这样既能表现出山崖的高大与险峻，又能反映出作为风景的深远距离感，同时，在构图上把纵向的山崖与横向的远景有机地组合在一起，富于变化。因此，这一构成形式在唐代的绘画中十分流行。

图91　莫高窟第 320 窟北壁　日想观　盛唐

　　左右对比构成的山水形式，在盛唐期的第 45 窟、第 148 窟以及中唐的榆林窟第 25 窟等窟中都可见到。特别是观无量寿经变中的日想观几乎成为了固定的形式。唐代后期的屏风画中也多采用这样的构成形式。如第 231 窟龛内屏风画的萨埵本生，表现萨埵太子从山崖跳下的情景，右侧画出山崖，左侧是平地和河谷，构图富于变化而又表现出空间的深度来（图 92）。不过中唐以后往往具有形式化的倾向，盛唐那种写实性渐渐淡薄了。

图92　莫高窟第231窟南壁　萨埵本生　中唐

除了敦煌壁画以外，藏经洞出土的敦煌绢画中也可以看到这样的构成形式。如大英博物馆所藏的一幅佛传故事画中（图 93），左侧是一座壁立的山峰，右侧是一片平地，人物画在右侧，山水虽然仍是故事画的背景，但很显然，这是从风景表现的角度来进行构图的。在另一幅佛教故事画中，山水布局也可以看出是典型的左右对比构成。在正仓院所藏的琵琶绘《狩猎宴乐图》中（图 83），虽说内容主要是表现人物，但景物也采用了左右对比构成形式，左边是峻峭的高峰，右侧在平缓的坡地中展开人物活动的场景。显然这种左右对比构成形式是当时普遍流行的。米泽嘉圃把这一样式称为"黄土山水"，认为是中国西北黄土高原的景色①。

图 93　敦煌绢画　佛传故事　唐（大英博物馆　藏）

---

　　①　米泽嘉圃《"山水之变"と骑象奏乐图の画风》，《中国绘画史研究·山水画论》，《东京大学东洋文化研究所纪要·别册》，东京大学东洋文化研究所，1960 年。

左右对比构成是山水画中变化比较丰富的一种构成，直到南宋时代，仍可看到这样的构图法。南宋画家萧照的《山腰楼观图》（图94）左侧陡峭的悬崖差不多占据了画面的一半，右侧描绘河流的景色。比起唐代的山水来，视点较低，近景中的岩石质感刻画较细。

图94　萧照《山腰楼观图》　南宋（台北故宫博物院　藏）

值得注意的是由左右对比可以变为对角线构图，如第 172 窟南北壁的日想观画面所表现的左右对比构成中（图 95），又以斜向的河流形成了对角线构成，这是十分有意味的形式，在南宋夏圭、马远的山水画作品中，常常采用对角线构成。当然南宋画家的作品在画面中比较讲究留白，由对角线把画面分成两部分，其中一部分全部留白的情况很多，虚实对比达到了极端的程度，体现出空灵的效果，而单就构图方法来说，在唐代其实已经出现并流行了。

图 95　莫高窟第 172 窟北壁　日想观　盛唐

五　阙型构成

唐代山水风景中往往在画面两侧以两座山峰并峙，中央描绘河流或原野，这样的构成称作阙型构成。"阙"最早是中国古代建筑的一种，早在《诗经》《左传》中已有了阙、城阙的记载。在大门两侧建起两座较高的楼阁，形成两侧突起，中央较低的形式，称作阙。即所谓"中央阙然为道矣"。按古代宫殿建筑之制，只有天子的宫门可以用阙。但春秋以后，诸侯的城楼也都用阙了。史籍中常常有"左阙""右阙"之类的记载。

总之阙在现实社会中是统治者权力的象征。凡称作阙者，总有一种地位崇高之感。北朝的佛教石窟中，往往以阙型龛来象征弥勒菩萨所居的兜率天宫。汉代到六朝流传的不少传说中，神仙所居之处，也常称为"宫阙"。而对于自然风景的描述中，也常出现用阙来称呼的，表现出某种高大、巍峨的特征。如汉代司马相如《上林赋》中有"椒丘之阙"一语，服虔的解释说："丘名也，两山俱起，象双阙者也。"《水经注》中也把那种两峰相对的自然景观称作阙，如《水经注》卷八："其石高百丈，广圆五里，两石对峙，相去一里，大小略均，似双阙，名曰韶石。"慧远的《庐山记略》也使用了"双阙"一词来形容山水的险要[1]。顾恺之在《画云台山记》中描述云台山的顺序，写道："云台西北二面，可一图冈绕之，上为双碣石，象左右阙。"

可见至少在六朝时代，人们就已用"阙"这一词来形容山峰的特征了。而到唐代的文献中以"阙"或"双阙"来形容山水风景之例就更多了，说明古人对类似阙形的风景比较注意，所以，在山水画中，画家们常常表现阙型的山峰，也就容易理解了。

从造型上来看，阙型的山峰在表现双峰对峙的同时，还通过与两峰间的远景对比，造成画面的空间感，有利于表现山水的深度，因此这一表现手法在唐代以后，随着画家们逐渐重视风景的深度表现而流行起

---

[1]　慧远《庐山记略》（《后汉书·郡国志》注引）："西南中石门前，有双阙，壁立千仞，而瀑布流焉。"

来。在前一节中我们已经知道左右对比构成的特点就是对"深远"的一种表现手法。而相比之下，采用阙型构成，似乎更能有效地表现山水的深度。

盛唐洞窟中观无量寿经变的"未生怨"部分，有一处场面，在中央表现佛说法的情景，两侧多表现出阙形构成的山峰。如172窟北壁的观无量寿经变的未生怨画面中，以中轴对称的形式描绘佛说法的场面，两侧的山峰耸立，具有阙型的特征。而在同窟南壁的同一内容的画面中，我们看到本来应该表现的是佛与弟子们从天而降的场面，两侧画出相应的山水背景。然而，画家把佛像画得很小，山水相对来说就描绘得较多，于是，山水风景成了画面的主体。第320窟北壁的观无量寿经变的未生怨画面中，两侧画出险峻的山峰，两山之间画出滔滔的河流，远处描绘出原野，在远方地平线上画出佛像，佛像较小，如落日一样，与

图96　莫高窟第320窟北壁　山水　盛唐

山水景物融为一体，表现出辽远的空间感（图96）。虽说画面的中心是佛像，但对山水景物作了更为细腻的刻画，从某种意义上来说，山水风景的意义超过了佛教宣传的意义，反映了当时人们对山水画欣赏的需求。

　　莫高窟第103窟南壁的经变画中的山水，是又一个典型的阙型构成（图97）。在靠近画面中部的地方，作为这一内容的中心部分，画出了两座山峰对峙，中央是一条河流沿左侧流下，左侧的山崖上，一条瀑布喷流而下，右侧河岸边，旅人们或观赏瀑布，或伏地礼拜。山崖的岩石上青藤翠蔓垂下，真可称得上是一幅"溪山行旅图"了。值得注意的是阙型构成的山水中，一侧的山崖上描绘瀑布流出之例较多。如日本东京艺术大学收藏的一件8世纪的《绘因果经》中也有一个场面是表现阙型山崖的（图98），其中左侧的山崖上也有瀑布流出。正仓院所藏的枫苏芳染螺钿槽琵琶绘《骑象奏乐图》中（图99），我们也可以看到典型

图97　莫高窟第103窟南壁　山水　盛唐

图 98　绘因果经（局部）　8 世纪　（东京艺术大学　藏）

图 99　骑象奏乐图　8 世纪（奈良　正仓院　藏）

的阙型构成。除了在两峰之间画出人物外，在两峰之间画出河流，左侧的山崖上也画出飞流而下的瀑布，与莫高窟第 103 窟的形式完全一致。此外，在两峰之间画出一行飞鸟，更增加了空间的深度，这样的方法，在莫高窟第 217 窟南壁的化城喻品中也同样可以看到。说明在阙型构成中，两峰并峙，有一侧山崖中流出瀑布的形式，以及两峰间画出飞鸟的形式，是唐代十分流行的作法。

总之，阙型构成把高大的山峰推移到画面的两侧，中央就可以表现人物活动。在景物描绘方面，可以表现出山水的深度，在人物表现方面，它又提供了适当的背景。在唐代山水与人物的表现并重的时代，阙型构成可以说是一种比较适合的稳定的构成，所以在中晚唐的屏风画中，也十分流行这样的构成形式。

台北故宫博物院有一幅传为李昭道的《明皇幸蜀图》中也采用了阙型构成，表现出唐代流行的构成特征（图 100）。画面整体上山崖的构成比较复杂，但其画面左边有一组阙形构成的山崖，特别是左侧山崖中有一块岩石向右倾斜的形式，与莫高窟第 103 窟十分相似，也是唐代阙型构成的一个特征。

阙型构成到了五代以后也有了新的发展，在辽墓出土的山水图中，我们看到画家仍在尝试利用阙型构成，如近景中的两座山峰就相对画出，多少有点造作的意味，不太真实，但从样式上无疑是继承了唐以来的传统。在五代王处直墓壁画中，有一幅大型的山水画，由于右上部残损，我们无法看到全貌，但从现存的部分来看，山水是阙型构成[1]。左侧一组山峦，与右侧的山峦隔着一条河流，形成阙形对峙。比起唐代的绘画来，山峰不那么高而险峻，确切地说应是山丘，更趋近于写实。实际上改变了唐代阙型构成的那种强烈的力量感和稳定性，而变得稍显自由了。这以后，董源的作品《龙宿郊民图》仍大体沿用了类似的构成，即有平缓的山丘相对画出，改变唐代那种突兀险峻的构成，而形成平稳而舒缓的气氛。这样，阙的意味实际上已经失去了。

---

[1] 河北省文物研究所、保定市文物管理处《五代王处直墓》，文物出版社，1998 年。

图100　传李昭道《明皇幸蜀图》（局部）　（台北故宫博物院　藏）

六　小　结

　　以上列举唐代敦煌壁画中山水构成的四种类型来作分析，这些还不能代表敦煌壁画中唐代山水构成的全部，但可以说是唐代山水画的流行的构成方法，尤其是与中原地区和日本所存的山水画迹作比较，就可以看出敦煌壁画中山水表现绝不仅仅是敦煌本地风格，而是反映了唐代山水画的一些普遍特征，这些构成特征对五代、北宋山水画发展曾产生过重要的影响。

第四章
水墨山水与文人意识

第一节　唐代壁画中的水墨山水

一　引　言

　　唐代以李思训父子为代表的青绿山水画派把山水画艺术推向了高峰，从而使着色山水画在唐代进入了极盛时代。而差不多与此同时，以王维、张璪为代表的画家们另辟蹊径，开始了对水墨山水画的新的探索，并取得了重大成果，完成了山水画的重大变革，奠定了中国一千多年水墨山水画发展的基础。然而，由于唐代著名画家们的山水画纸本绘画作品没有可靠真迹流传下来，使我们过去对唐代山水画发展变化的认识主要依靠文献来推测。20 世纪 40 年代，日本学者松本荣一、下店静市等通过对日本所藏的《绘因果经》和其它美术品，对中国唐代山水画的特征进行研究[①]，其中大多涉及水墨画的问题。其后经过泷精一、米泽嘉圃诸学者的努力，唐代水墨山水画的研究取得了很大的进展[②]。1975 年讲谈社出版了《水墨美术大系》，其中刊载了米泽嘉圃氏对水墨画的系统的论述[③]。80 年代以后，随着对敦煌壁画的深入研究，唐代后期敦煌壁画中的具有水墨画特征的山水表现也受到了学者们的重视[④]。近些年来，由于西安周围地区考古发现，使我们有幸能看到唐代民间画工们的山水画壁画作品。最近一些学者们开始注意到唐、五代墓室壁画

---

①　关于松本荣一和下店静市的研究，参见本书绪论部分。
②　泷精一《唐朝の墨绘》（上、下），《国华》第 386 号、第 387 号。米泽嘉圃《中国绘画史研究·山水画论》，《东京大学东洋文化研究所纪要·别册》，东京大学东洋文化研究所，1960 年。
③　米泽嘉圃《从白描到水墨画的展开》，《水墨美术大系》第一卷，讲谈社，1975 年。
④　秋山光和《敦煌壁画に表される山水画について》，《中国石窟·敦煌莫高窟》第三卷，平凡社，1982 年。王伯敏《莫高窟壁画山水探渊》，《1983 年全国敦煌学术讨论会文集·石窟艺术编》，甘肃人民出版社，1987 年。

对水墨山水画研究的价值，并作了十分有益的研究①。笔者认为水墨山水画在唐代的流行，反映了一个时代绘画艺术的重大变革，不仅流行于以长安为中心的中原地区，西至敦煌的佛教石窟，东至日本（8世纪）的美术品中，都存在着水墨山水画的作例。本节将分析西安及其它地区唐代墓室壁画和敦煌石窟壁画中的山水画资料，以探索早期水墨山水画的特征及其源流。

二 水墨山水画的形成

由青绿重色到水墨淡彩

唐代前期青绿山水画已经高度发达，但青绿山水的特点在于用青绿重彩体现出山水的壮阔，其色彩华丽，具有很强的装饰性，并非写实的表现。在绘画不断地向写实性发展的唐代，人们不再满足于那种纯粹装饰风格的山水画了，于是，怎样写实地表现山水画，便成了一个突出的问题。

唐代以来，传自西域的晕染法（凹凸法）被广泛地运用，并在人物画中发展成熟。在敦煌石窟北朝的壁画中，西域式晕染法主要用于表现人物，山水画中虽然也出现了西域式晕染法的运用，但主要还是表现出装饰性的特征，如第249窟、第285窟窟顶表现山峦的壁画，以叠晕的手法，描绘出如装饰纹样般的山峦。由于印度乃至西域的佛教绘画中很少表现山水景物，中国佛教绘画中的山水画并非传自西域，而是来自汉代以来传统的山水表现风格。六朝时代是山水画成立的初期，画家们较多地关注山水的远近空间效果，而对于近景中岩石的具体表现，还没有更有效的办法。隋代至初唐阶段，随着绘画的写实化进一步发展，山水景物的具体可感性越来越受到关注，画家们开始注意刻画近景的岩石了。莫高窟第276窟西壁及南北壁的西侧，对岩石的表现出现了新的特征，线描产生了变化，类似皴法的笔触增加了。显然，这种注重线描的山石表现与北朝那种装饰性的山峦完全不同，这里，岩石的质感明显地被强调，岩石的各个侧面都明晰地表现出来（图101）。到了唐代，色

---

① 参见罗世平《略论曲阳五代墓山水壁画的美术史价值》（《文物》1996年第9期）；徐涛《吕村唐墓壁画与水墨山水的起源》（《文博》2001年第2期）。

图 101　莫高窟第 276 窟北壁西侧　岩石　隋

彩的晕染开始注意到山崖的整体效果，以及山水的空间关系。如盛唐第217窟的山水画，整体以青绿重彩为主，沿山崖的轮廓线染出颜色，又以淡赭色作一些对比的晕染，以体现出一定的层次。有的山峦表现采用了墨与色混合的做法，并且在墨线中体现出皴法的特征来。这里的晕染法也与北朝流行的叠晕法不同，而是根据山体的特点做出的写实性表现。这一点与隋唐之际的人物画中的晕染法是相通的。在盛唐第103窟南壁的化城喻品壁画中，沿山崖轮廓线，以石绿染出，但在山的另一侧则保留着线描勾勒的痕迹，其中有的线条，就可以看作是皴法的笔法。在表现山崖的背阴部时，采用了类似淡墨的晕染，但其中可能包含了石青或别的颜色，应是墨与色的混合应用。

从隋代第276窟，初唐第209窟、第322窟和盛唐第217窟等，可以看出色彩晕染在山水描绘中的发展情况。一方面除了轮廓线以外，开始注意到表现岩石的质感，同时，用青绿重彩使山水风景全体协调，成为了山水表现的一个倾向。在唐前期的敦煌壁画是以色彩为主的，但在色彩的运用中，也同样体现出后来在水墨画中多用的笔法。如莫高窟第320窟北壁观无量寿经变和第172窟东壁文殊变、普贤变中的山水，以赭色进行的晕染，其中就体现出一些皴笔的痕迹（图102）。在第103窟北壁的山水中，沿着山的轮廓线进行的晕染，是用石绿或石青色进行的，以色彩的深浅体现山峦的层次感，这样的方法正是后来水墨画多采用的。

唐代后期的敦煌壁画用色较淡，用墨不断加强，以墨为主的山水风景逐渐取代了以色为主的青绿山水。如中唐时代莫高窟第112窟就可以看出由青绿山水到水墨山水画的一种变化，第112窟南壁金刚经变和北壁报恩经变的背景山水，以淡墨晕染，表现山岩独特的景观特征，十分引人注目，几乎可以称得上是水墨山水画了（图103）。唐代前期的青绿山水画的基本特征是，用柔和的线描勾画出轮廓来，然后平涂颜色，明朗而鲜艳的色彩，表现出如春天般的景色。而在水墨山水画中，则是以坚硬的转折强烈的线条，表现出突兀的岩石，通过淡淡而朦胧的水墨晕染，表现出如秋天般的萧疏的气氛。这是一种全新的山水画样式，在中唐时代的莫高窟第159窟、第154窟、第468窟等都可以看到类似的表现。山顶上的轮廓线强烈而刚硬，笔致的粗细变化丰富，用色

图 102　莫高窟第 172 窟东壁　岩石　盛唐

图 103　莫高窟第 112 窟北壁　报恩经变中的山水　中唐

虽仍以石绿为主，但却用得很淡，并辅以淡墨晕染，唐前期那种明亮的特点没有了，而体现出注重用笔的时代精神。

　　榆林窟第 25 窟南北壁的壁画中，山水背景也表现出这样的画法。这个洞窟是吐蕃时代开凿的，南北壁分别描绘了大型经变观无量寿经变和弥勒经变，如北壁弥勒经变西侧表现迦叶禅窟的内容，描绘迦叶在山中坐在禅窟里，迦叶身后的山岩几乎没有涂颜色，仅用淡墨作了晕染，并用皴法表现出一定的立体感来（图 104）。在南壁的观无量寿经变中，山水也同样不论是近景的山崖还是远景的山峦都是水墨与色彩混合表现的，在山脚下画出河流，这河流有些形式化的倾向，通过弯曲的线条，呈锐角状转折、锯齿形的线条，表现河岸的弯曲状态。强硬的有时转折不自然的线条常常出现在山水画面中，这是当时流行的方法，最初在表

图 104　榆林窟第 25 窟北壁　弥勒经变中的山水　中唐

现时可能会有浓淡的变化，但现在已无法看出来了。

从敦煌壁画的情况来看，水墨画明显地出现是在中唐以后，唐前期以色彩为主的山水画经历了较长的时间，甚至到了水墨画大为流行的中、晚唐时代，青绿山水依然继续存在。这可以说是佛教石窟壁画的特点，作为大众艺术，在当时仍然是以彩绘为主的。

由注重笔法到笔墨兼顾

在中原地区，出土于陕西省三原县的隋代李和墓[①]，就已出现墨色并用表现树石的壁画了。唐代以后，如章怀太子墓、懿德太子墓和节愍太子墓等壁画中[②]，表现山水景物大都是色彩与墨混用，并可看出皴擦的笔迹。懿德太子墓甬道的山水图大体还是青绿山水的画法，但在表现一些近景中，体现出皴擦的特征（图105）。这一点在章怀太子墓甬道中尤为突出，如西壁马球图的下部山石的表现（图106），山坡施淡彩，近景的岩石在轮廓线以内，又以皴笔表现出岩石的立体感和质感。同样的山石画法，在节愍太子墓的壁画中也可以看出。与盛唐的敦煌壁画相比，中原的墓室壁画用墨的成分要多一些。盛唐以后墓室壁画中的山水树石等，大多是以墨为主来表现的，如苏思勖墓壁画中表现树下人物的壁画[③]，此外如山西太原金胜村唐墓壁画，大多以连屏形式，画出树下人物图。这些树木的表现多是以水墨为主描绘出来的。值得注意的是陕西富平县吕村乡发掘的唐墓[④]（图107），在墓室四壁画出了屏风式壁画，特别是西壁的六连屏中画出水墨山水画，完全不用色彩，而以墨线勾出山峦的轮廓，又在其中施以淡墨晕染，并用皴法表现立体的特征，这样的技法表现出当时中原地区水墨山水画的先端成果，反映了当时中国水

---

① 陕西省文物管理委员会《陕西省三原县双盛村隋李和墓清理简报》，《文物》1966年第1期。

② 陕西历史博物馆、乾县文教局唐墓发掘组《唐章怀太子墓发掘简报》、《唐懿德太子墓发掘简报》，《文物》1972年7期。节愍太子墓尚未发表发掘简报，但在《世界美术大全集·东洋编4》（隋唐卷）（日本小学馆，1997年）以及《陕西新出土唐墓壁画》（重庆出版社，1998年）中发表了部分照片。

③ 陕西考古所唐墓工作组《西安东郊唐苏思勖墓清理简报》，《考古》1960年第1期。

④ 井增利、王小蒙《富平县新发现的唐墓壁画》，《考古与文物》1997年第4期。该文对壁画的发现并未作详细的报告，而且发表的照片也不完整。张建林论文《唐墓壁画中的屏风画》（《远望集——陕西省考古研究所华诞四十周年纪念文集》，陕西人民出版社，1998年）中发表了这组六曲屏风山水画的线描图，使我们对屏风画有了全面的了解。2001年10月在西安，张建林先生告知关于壁画的详情，在此，谨向张建林先生表示感谢。

图 105　懿德太子墓壁画　山崖　初唐（706 年）

图 106　章怀太子墓壁画　山石　初唐（706 年）

图 107　富平县唐墓壁画　屏风式山水图　盛唐

墨画已经达到一定的高度。

　　关于富平唐墓，虽然有的学者认为是盛唐风格，但从屏风画的布局形式，仙鹤图的出现，特别是水墨画技法的成熟运用等等特点来看，应属于宿白先生所分期的第四期至第五期的墓葬，时代在 8 世纪末至 9 世纪初[①]。该墓壁画以六曲屏风表现水墨山水，这是目前所发现的连屏式山水画的唯一例证，在中国山水画史上占着重要的地位。由于没有全

---

① 　参见宿白《西安地区唐墓壁画的布局和内容》，《考古学报》，1982 年第 2 期。

部发表，从发表的两幅山水屏风画来看，左侧一幅山水画构图为盛唐以后流行的阙型山水构图①，前景中主要有两座山崖对峙，左侧山崖上部有一些向右倾斜的岩石，右侧山崖较低。上部的远景也依然是河两岸山崖对峙状。这样的构图与敦煌第 103 窟、第 172 窟等盛唐壁画中山水构图一致。右侧一幅表现一座山崖占据了中央的位置，呈金字塔型构图，这也是唐代比较流行的构图形式，在敦煌壁画中唐以后的屏风画中也多有出现，一直影响到五代以后较长时期的山水画构图。

在章怀太子墓和节愍太子墓壁画中的山石表现还是以用笔为主的，其中值得注意的是皴擦笔法的运用，表现出山石的立体特征。富平唐墓壁画则是笔墨兼顾，除了山岩轮廓用劲健的笔法勾勒外，沿线条加以墨的晕染，并分出相应的浓淡变化，以表现远近的空间感。从笔墨技法特征来看，显然比节愍太子墓的壁画要进步得多。

日本正仓院所藏的制作于 8 世纪的枫苏芳染螺钿槽琵琶捍拨上所绘的《骑象奏乐图》，是仿照当时中国流行的山水画而制作的，上部表现山水风景，下部表现骑象奏乐的人物。虽然是着色山水画，但其中对山石树木的描绘，体现皴法的用笔特征（图 108），也可见到用墨简淡而流利的笔法，从皴法和用墨的成熟情况来看，反映了稍晚时期的特点。此外，正仓院收藏品中还有传自 8 世纪的麻布山水画，虽然类似于纹样，还算不上是完整的山水画作品，但其中用水墨晕染表现山石景色的手法，还是颇值得玩味的，它反映了水墨山水已经作为一种流行的纹样来表现了。而正仓院的鸟毛立女屏风画，则有着成熟的皴法（图 109）。

从唐代石窟壁画与墓室壁画中，山水画由墨色混用到以水墨为主的发展情况，反映了唐代水墨山水画逐渐成熟并大为流行的发展过程。中原的墓室壁画直接反映了当时社会生活中水墨绘制的山水屏风流行的情况。敦煌壁画的作例，还不能看作是完全的水墨山水画，虽然水墨的因素很多，但多少还保留着一些颜色。从中我们看出了水墨山水画已经成为一个不可阻挡的倾向。本来水墨画适宜于纸本或绢本的绘画，壁画

---

① 关于唐代山水画的构成问题，笔者在论文《敦煌唐代山水画的构成》（发表于"敦煌藏经洞发现 100 周年纪念国际学术讨论会"，2000 年，香港大学）对唐代流行的"三山构成""金字塔型构成""阙型构成""左右对比构成"等形式作了详细的分析。

图 108 骑象奏乐图（局部） 8 世纪 （奈良 正仓院 藏）

图 109　鸟毛立女屏风画（局部）　8世纪 （奈良　正仓院　藏）

的吸水效果很差，水墨的晕染效果是不容易表现出来的，但由于水墨画已成为了当时的流行物，即使是在壁画中，画家们也在追求这种新的时尚。而富平县唐墓壁画则是完全的水墨山水画，它填补了中国绘画史上的空白，使我们对唐代水墨山水画有了更为直接的认识。

绢本水墨画作例之比较

水墨画的产生与材料有着密切关系，即在笔、墨与纸的生产技术达到一定的高度时，才能通过墨加水以后在纸或绢上取得水墨画的效果。所以，水墨画的产生和发展，恐怕也与纸、绢与墨的生产技术有着密切的关系。通过墨与水的配合，以及纸的渗透，使画面分出如五彩般的层次来。《历代名画记》记载殷仲容通过墨的运用，达到了五彩的效果[1]。这是文献中最早对水墨技法的记载，但殷仲容等画家的作品并没有流传下来。那么唐代的绢本或纸本水墨画是什么样子的呢？从敦煌藏

---

[1] 《历代名画记》卷九：殷仲容"或用墨色，如兼五采"。

经洞出土的绢画中，我们可以找出水墨画的例证，如大英博物馆所藏的一幅有 836 年题铭的《药师经变》①中，山水的表现方法使人注目（图 110）。在经变画的右侧是险峻的山崖，山岩的轮廓显得很尖锐，构成三角形，沿轮廓线，用水墨由浅而深地均匀地晕染，几乎看不出笔触。水墨中似乎加入了绿色的成份，还不能说是完全的水墨画，但总的说来，还是以水墨为主的。这样成熟的晕染技法，表明了当时水墨画已达到了十分完善的程度②。

图 110　敦煌绢画《药师经变》中的山水　唐（大英博物馆　藏）

① 参见《西域美术》之《大英博物馆スタイン・コレクション》，讲谈社，1982 年。
② 秋山光和先生认为这幅画由于使用了绿色，还不能肯定它为水墨画。（见《敦煌壁画に表される山水画について》，《中国石窟・敦煌莫高窟》第三卷，平凡社，1982 年）但是从现存的图像资料来看，初期的水墨山水画完全没有用色的情况是极少的，可能用淡色加水墨正是唐代水墨山水画的一个重要特征。

图 111　敦煌绢画《佛传》(局部)　唐 (大英博物馆　藏)

在另一幅表现佛传的绢画中，表现太子与犍陟告别的情景，左侧是悬崖，右侧近处是道路，远处则有远景的原野。这样的构图是唐代以来流行形式。在莫高窟第 320 窟等壁画中表现《观无量寿经》中日想观的画面多采用这样的山水构成形式。不过在这幅绢画中，山的轮廓线用墨线明晰地表现出来，并在阴影部施以皴法，再以绿色或水墨晕染。在这一场面下部的"剃度"画面中，圆形的山峰画得较柔和，沿山的轮廓线以绿色与淡墨混合作由浓到淡的晕染（图 111）。此外，如报恩经变的故事场面也采用了悬崖与原野的对比构成形式，这里岩石的形式与莫高窟第 112 窟很接近，表现得较为坚硬，笔法转折强烈。树木的表现也是中唐壁画中较为常见的东西。

通过绢本作例的比较，我们可以看出，水墨画的特点在于运用水墨晕染的效果，辅以皴法表现出山石的质感。而由于墙壁的渗透效果不如纸绢本，许多特征已经看不出来了。如很多较粗的墨线，可能当初是有浓淡变化的笔触。有一些较坚硬的笔触，当初应是擦皴的笔法，却不能像在宣纸或绢上那样体现出如斧劈一般的特点来。通过仔细比较绢本与壁画的用笔特征，可见其一致性。

三　水墨山水画的技法分析

笔法

笔法是我国绘画历来就十分重视的一个问题。南朝谢赫提出绘画六法：气韵生动，骨法用笔，应物象形，随类赋彩，经营位置，传模移写。其中把"骨法用笔"放在仅次于气韵生动的第二位，而如果说气韵生动是表示绘画作品整体所表现出来的艺术精神的话，说到具体的绘画技法，骨法用笔就是第一位的了。所以张彦远在论"画六法中"，认为气韵生动的表现，归根结底还是要通过骨法用笔来达到的[①]。可见"用笔"实际上是中国传统绘画中至关重要的一点。六朝以来的著名画家们都十分注重用笔，画论中对作品的评价也往往是以此为出发点的。于是就产生了"骨法""笔力""笔格"等用语，这不仅仅是个语言的问

---

① 《历代名画记》卷一，论画六法："夫象物必在于形似，形似须全其骨气，骨气形似，皆本于立意，而归乎用笔。"

题，它反映了古代画家们把用笔当作衡量一幅绘画作品的重要原则。而从这个意义上来讲，水墨画的出现，则开始了在"用笔"这个原则上有了突破。因为水墨画的用笔与以前的山水画用笔是有所不同的。青绿山水画的用笔注重的轮廓线，注意其力度和强度。而水墨画中，除了轮廓线以外，更多的是以皴擦的笔法来描绘对象的。于是笔法变得丰富多彩起来，这从《历代名画记》等书中可以找出很多对笔法的形容，如说李思训"其画山水，笔格遒劲"（卷九）；李果奴"笔迹调润"（卷九）；吴道子"施笔绝踪，皆磊落逸势"（《唐朝名画录》）；王维"下笔有神""笔力雄壮""笔迹劲爽"（卷十）；韦偃"笔力劲健"（卷十）等等。说明笔法的优劣，是评判一个画家作品的重要基准。而同样对笔法的评论，根据画家特点的不同，所用的评语也是有所不同的。如李思训的"遒劲"，这是传统的用笔特点，所谓"遒劲"主要是指有力而富于弹性的线描。如唐代评论家张怀瓘对南朝陆探微的评价是"笔迹劲利，如锥刀焉"。因为在那个时代，流畅而没有粗细变化的铁线描十分流行，在线描之内平涂颜色，是最常用的方法。这样的手法直到唐前期，仍在山水画中流行，敦煌初唐、盛唐的山水画大多是这样的技法。至于吴道子与王维的笔法，则是"施笔绝踪，皆磊落逸势"，"笔力雄壮"等评价。仅仅从这些语汇上，我们当然无法想象其具体的形状，但却反映出了其用笔具有变化丰富，不受规矩约束的特点。而且如张璪还有用笔"随意纵横"的评语，也就是用笔技法十分圆熟，可以自由自在地表现自己的思想感情了。总之，唐代长于水墨的画家们在用笔上与传统的方法已经大不一样了。从敦煌壁画的情况来看，中唐以后，表现山峰的笔法出现了变化，根据山的形体而使墨线呈不同的变化，又通过线条的转折，形成了尖的角度。又由于用墨的变化而形成了皴法。皴法实际上就是线描变化的产物，通过皴法可以表现物体的立体特征，而且表现山石树木的质感。

虽然后世的画论画谱中出现了很多皴法的名称，但在唐朝并没有记载具体的皴法的名称。而事实上在唐代绘画中，已出现了皴法的应用，这一点下店静市的论文中曾指出过[①]。如果我们把皴法定义为表现

① 下店静市《唐代皴法研究》，《南画研究》第12卷2号，1943年。

物体的凹凸感，即立体感的一种技法，那么唐代山水画中通过用笔或用墨的浓淡变化，或通过笔法的变化，表现出阴影部分，就是皴法的表现了。当然唐代的绘画中还很难找出完全与后世的某种皴法相同的皴法来，所以，本文仅按大致的特点进行分类，把唐代的皴法分为"线皴"和"擦皴"两类①。前者与后世披麻皴相似，是通过线的连绵曲折，或断或连而表现物体的立体感。后者与后世的斧劈皴相近，不是用笔尖，而是用侧锋，通过笔的腹部快速运笔，形成如斧劈一般的痕迹来表现岩石的特殊的质感。皴法的运用，常常有以秃笔表现之例②。从某种意义上说，可能秃笔是比较适合于皴法表现的。

皴法是线描的发展，通过皴法可以表现一定的面，使线的作用丰富了起来。从敦煌第 103 窟南壁的化城喻品来看，表现岩石的阴面，用了线皴的手法，通过一组短线条，表现出山崖的背阴部，这可能是最简单的皴法了（图 112）。这样的线皴到了唐代后期，逐渐产生了变化，如第 112 窟和第 158 窟的壁画中，墨线或粗或细，或柔或硬，以及转折丰富的变化，表现出岩石的不同质感及立体特征（图 113）。在陕西富平县出土的壁画屏风式山水图中，也可以看到线皴的表现，与莫高窟第 112 窟一致。差不多可以看出如后世的"披麻皴"、"折带皴"的效果了。

唐代前期的壁画中，皴法多用于表现近景中的岩石或树木，节愍太子墓壁画中的石头（图 114），通过笔力强劲的擦皴，不仅表现出石头的几个面，而且也表现出一定的质感来。线皴基本上还保留着线描的某些特点，而擦皴则往往用侧锋，常常表现出"飞白"的效果，与后世的斧劈皴相似，但唐代的擦皴更显得朴素而自由。在薛儆墓壁画的山石表现中，也可以看出用了擦皴的例证（图 115）。此外我们在太原金胜村等壁画墓的树下人物图中③，可以看到表现树木时，用了擦皴的方法。在敦煌壁画中，擦皴最初运用于色彩表现中，在大量涂色的情况下，如

---

① 下店静市在《唐代皴法研究》（《南画研究》，1943 年第 12 卷 2 号）中提出了"直皴"和"曲皴"的概念。笔者认为仅从形状上的曲直来分类型，很容易混淆，不如按用笔的特征来分为"线皴"和"擦皴"更为明了。

② 《历代名画记》卷十：张璪"初，毕庶子宏擅名于代，一见惊叹之，异其唯用秃毫，或以手摸绢素"。

③ 山西省考古研究所《唐代薛儆墓发掘报告》（科学出版社，2001 年 9 月）。山西省文物管理委员会《太原南郊金胜村唐墓》（《考古》1959 年第 9 期），《太原市金胜村第六号唐代壁画墓》（《文物》1959 年第 8 期）。

图 112　莫高窟第 103 窟南壁　山水　盛唐

图 113　莫高窟第 112 窟南壁　水墨山水　中唐

图 114　节愍太子墓壁画　山石　初唐（706 年）

图 115　薛儆墓壁画　水墨山石　唐

线描一样使用笔尖，显然很不够了，于是用侧笔，就可以大面积地涂色，而山岳的凹凸起伏，也就通过色彩的浓淡变化来表现。于是因用笔强弱的变化，形成了色彩的浓淡、疾徐等特征。如第172窟东壁文殊变和普贤变的背景山水，第45窟观音经变中的山水，都是以赭色作擦皴，表现出沙岩的阴影和质感。同样的表现也见于第320、第148窟等窟的壁画中。这一点还可以比较日本正仓院所藏的黑柿苏芳染金银绘箱盖的山水图（8世纪），这里是用金色作擦皴表现出富丽的山水景色（图86）。虽然是不用墨，但其方法与当时水墨画是一致的。正仓院的琵琶捍拨绘《骑象奏乐图》中也可以看到擦皴的表现（图99），此外，如鸟毛立女屏风图、墨绘麻布山水图等，诚如米泽嘉圃指出的那样，技法上已具有日本化的倾向了[1]。

比较敦煌藏经洞出土的绢画，唐代后期的报恩经变、药师经变等作品中，表现山水背景时，也同样出现用水墨表现的皴笔，在这里皴笔显得温润流畅，这是因为绢与壁画的质地不同，绢画更适宜于水墨画的方法。

总之，在唐代以来的壁画及绢画等例证中，我们可以看出，至少在盛唐阶段（8世纪），皴法已经在绘画中普遍地运用了。而且，皴法并非是由于水墨画产生才开始的，最早是用于着色绘画中的。

墨法

用墨的方法主要是晕染，即通过水与墨的混合表现出浓淡的变化来。这实际上是要表现物体的光影效果，表现出立体感和层次感。而晕染法本来也不是始于水墨画的，最早是传自西域的凹凸法，或称西域式晕染法。这种方法通过色彩的浓淡变化来表现人物的立体感。在魏晋南北朝时期，随着佛教绘画的传来，西域式晕染法流行于中国，特别是如张僧繇等著名画家都擅长凹凸法，使这种方法在中国大为兴盛。后来的水墨画的晕染方法多大程度上受到西域式晕染法的影响，还不能下一个明确的结论，但从唐代佛教绘画那样高度发达的情况来看，水墨画晕染法一点也不受外来佛教绘画的影响是不可能的。然而，西域式晕染法主

---

[1]　米泽嘉圃《中国绘画史研究·山水画论》，《东京大学东洋文化研究所纪要·别册》，东京大学东洋文化研究所，1960年。

要是以颜色来表现的，与墨的晕染还是有所不同的，随着墨与纸的制造技术的提高，墨在纸上形成了晕染与墙壁上用颜色作的晕法又大不一样了，可以说中国画家们借鉴了西域式的晕染法，而产生水墨的晕染技法。

《历代名画记》等文献中记载了唐代画家们有"破墨""泼墨"等技法，说明唐代画家们对水墨技法已作了很深的探索。墨线形成的皴法、水墨形成的晕染这两方面构成了水墨画的两大要素。相比之下，皴法是以渴笔表现，而晕染则是以湿笔形成浓淡来表现的。皴法长于表现坚硬的岩石、干枯的树皮等，而晕染则适于表现浓郁的树林、湿润的山峦，并且在画面中把山水景物自然地联系在一起。敦煌壁画中很少出现完全用水墨的山水表现，盛唐第 103 窟北壁观无量寿经变中的山水，是有水墨晕染特征的较早的作例，沿着山峰的轮廓线，进行由浓到淡的晕染，虽说是晕染法，但并不是完全的水墨，还混用了绿色或别的颜色（图 116）。中唐以后，水墨的应用渐渐多了起来。中唐第 112 窟是用水墨表现山水较多的洞窟，此窟南壁的金刚经变和北壁的报恩经变都画出水墨淡彩的山水画（图 103、图 113），如南壁表现峻峭的岩石，在沿着

图 116　莫高窟第 103 窟北壁　山峰的晕染　盛唐

墨线勾勒的轮廓，用水墨由浓到淡，表现出岩石的层次来。榆林窟中唐第 25 窟的南壁观无量寿经变和北壁的弥勒经变也同样在背景中画出水墨山水画，都以淡墨渲染，表现山水的层次，再施以淡淡的石绿色，或赭色。这样的方法在中唐至晚唐的敦煌壁画中很常见，如莫高窟中唐第 468 窟、第 54 窟龛内的屏风画，都用水墨晕染表现山崖的层次。

荆浩《笔法记》中说：吴道子"有笔无墨"而项容"有墨无笔"①。吴道子活跃的时代约 8 世纪前期，项容活动的时期约 8 世纪后期或 9 世纪初，从这里可以看出水墨（晕染）法流行的时期要比皴法兴起的时期稍晚。用笔的重视，是从南北朝就开始了，只是到了唐朝形成了新的笔法——皴法。用墨的方法则是到唐后期才形成的。敦煌藏经洞出土的绢画《药师经变》中山水部分表现出的水墨技法，是现存唐代水墨画中晕染法最成功之例（图 110），沿轮廓线以浓墨晕染，并表现出岩石的纹理，这样的效果是壁画中没有的。不仅敦煌壁画，即使是中原的壁画中，如富平县的屏风山水图，晕染的润泽也是不能表现出来的。因为壁画对于水的吸收力与纸本、绢本大不一样，不可能最大限度地表现出水墨画（如墨分五色等）的优点来。尽管如此，在中唐以后的敦煌壁画中，却常常出现水墨山水画的表现，如第 112 窟、第 158 窟、第 159 窟、第 468 窟、第 154 窟等等。

在山水画中，笔法与墨法同时受到重视，大约是唐代后期的事。而长于墨法的画家，得到较高评价的，也是其后的事。《历代名画记》对于长于墨法的画家项容、王墨等并没有给予很高的评价，甚至对王墨还加以贬斥，说他"虽乏高奇，流俗亦好"，而同书卷二又说："如山水家有泼墨，亦不谓之画，不堪仿效。"作者站在传统美术的立场，不承认泼墨画的成果。而尽管如此，水墨画在当时即已深受欢迎，结果，在唐代后期，山水画中渐渐放弃了色彩，而进入了水墨的道路，于是迎来了中国山水画的新时代。

---

① 荆浩《笔法记》："项容山人……用墨独得玄门，用笔全无其骨。……吴道子笔胜于象，骨气自高，树不言图，亦恨无墨。"类似的内容，在郭若虚《图画见闻记》卷二《纪艺上》中也有记载："荆浩……语人曰：吴道子画山水有笔而无墨，项容有墨而无笔，吾当采二子之所长，成一家之体。"

其他表现手法的变化

比起唐代前期的山水画来，在水墨山水画流行以后，山崖的形式产生了很大的变化。唐前期的青绿山水画中，山的轮廓都表现得比较圆润、柔和。从传为展子虔的《早春图》以及敦煌莫高窟第217窟、第45窟等窟壁画山水中就可以看出这种春意盎然、色彩明亮的山水景色。虽然也表现悬崖，却也缺少十分奇险的形象，更多的是表现辽阔而起伏缓和的土丘。表现的是北方黄土高原的景色①。而到了盛唐以后，在水墨画影响下的山水景色，则往往强调突出表现岩石的奇崛、突兀的特征，表现出南方以岩石为主的山崖特征。

我们从唐代的画论中，就可以找出很多对水墨山水画特征的记载，如：

王维：复画《辋川图》，山谷郁郁盘盘，云水飞动，意出尘外，怪生笔端。（《唐朝名画录》）

王维：特妙山水，幽深之致，近古未有。（《封氏闻见记》）

韦偃：咫尺千寻，骈柯攒影，烟霞翳薄，风雨飕飑，轮囷尽偃盖之形，宛转极盘龙之状。（《历代名画记》卷十）

张璪：其山水之状则高低秀丽，咫尺重深，石尖欲落，泉喷如吼，其近也若逼人而寒，其远也若极天之尽。（《历代名画记》卷十）

松鳞皴，石巉岩，水湛湛，云窈眇。（符载《观张员外画松石图》）

朱审：其峻极之状，重深之妙，潭色若澄，石文似裂，岳耸笔下，云起峰端，咫尺之地，溪谷幽邃，松篁交加，云雨暗淡。（《唐朝名画录》）

朱审：工画山水，深沉瑰壮，险黑磊落，湍濑激人，平远极目。（《历代名画记》卷十）

以上的记载不难看出，这些画家的山水画作品大多具有奇、怪、险、峻等特点，正与现存唐代壁画中的水墨山水画作品相符。

---

① 米泽嘉圃把断崖的形式称作是黄土山水画，认为是中国北方的景观，参见米泽氏《"山水之变"与骑象鼓乐图的画风》（《中国绘画史研究·山水画论》，《东京大学东洋文化研究所纪要·别册》，东京大学东洋文化研究所，1960年）。

从文献上记载的擅长水墨画的画家来看，大多也是出生于南方，或主要生活在南方。如王宰为蜀中人，朱审和张璪均为吴郡（今江苏苏州）人，刘商为彭城（今江苏铜山）人，道芬为会稽（今浙江绍兴）人，项容生活在天台（今浙江天台），王默曾生活于润州（今江苏镇江）。这些生活在南方或熟悉南方山水风景的画家对水墨山水画的发展起着重要的作用，因而，南方的山石树木等风景，自然而然地在画中表现出来。乃至远在沙漠中的敦煌，也出现了南方的山水景色，以及诸如芭蕉、竹林等南方的植物。

　　石的形式，青绿山水画中，依然保持着早期山水画的特点，石头多以三角形表现，具有平面化的特征，而在水墨山水画中，对石的刻画多以棱形或多面体来表现近景岩石的丰富性，如李贤墓壁画中的石，近乎圆形的轮廓中具体可以看出有三个以上的面，体现出立体感来。节愍太子墓壁画中的岩石也明显地分成几个面，不仅表现出立体性来，而且还具有量感。在薛儆墓壁画中，石头的表现更为写实，包括附着于岩石上的苔点等都表现出来了。轮廓线不仅仅是为了表现外形，线条本身的变化，同时也表现了对象的体量与质感。再辅以淡墨的晕染，山石的层次就十分丰富了。

　　由于水墨画的发展，带动了笔法的变革，在很多场合，用笔与用墨并不是截然分开的，比如对山崖顶部的植物或远景中的树木表现，在唐代前期的着色山水中，通常是以很工细的笔法仔细刻画的，如莫高窟第 217 窟壁画中山崖顶上的树丛，远看如小点一样，近看则是对树的枝叶作了一丝不苟的刻画，然后填彩。到了中唐第 112 窟壁画中，类似的景物，却采用了水墨与石绿结合的点来处理，笔触简练而概括。对照富平县唐墓壁画，其表现手法是一致的。这样的表现手法应该是在水墨画影响下形成的新的技法。而这样的技法，在敦煌中晚唐壁画中，即使是青绿山水画中，也采用了这种概括性的点染的办法，如莫高窟第 159 窟、第 468 等窟壁画中表现远景中的树木，就是以石绿色点来表现的。

这样带有写意性的表现手法，首先是取决于对墨色变化的掌握，一笔下去，能体现出浓淡的变化来。

在构图方面，虽然在像敦煌壁画这样的佛教壁画中，水墨山水画不过是佛教内容的一个背景，没有独立的构图，但从唐代后期流行的屏风式绘画来看，不论是佛教石窟还是墓室壁画都受到了当时人们生活普遍运用的屏风的影响。在唐代的画论文献中，唐代画家们绘屏风的记载也不少。所以，屏风构图实际上影响着水墨山水画的构图。最明显的特征就是山水由唐前期的横向构成改变为纵向构成，对山水景物的表现也发生了相应的变化。对高远、深远景色的追求，一直影响到了五代北宋山水画构图的形式。

随着水墨画的流行，唐代后期的壁画绘制方法也产生了极为深刻的变化，唐代前期，通常是先在墙壁上画出起稿线，然后在底稿上着色，最后还要画一道线描——定型线，通过这样三个阶段才完成壁画的制作。到了唐代后期，往往不用最后的一道定型线，而是直接沿起稿线着色，或晕染，通常涂色尽量不把线压住，而用色或水墨晕染的成份增加了，仅通过两个步骤就完成了壁画的绘制。

四　水墨山水画兴盛的社会因素

水墨山水画在我国绘画史上占有十分重要的地位。从五代以后，山水画逐渐成为了绘画的主流，而山水画中水墨山水画则成了主流。从汉代到唐代前期，中国绘画大多是着色的，到了唐前期，青绿山水画发展成熟，成为山水画的主要表现手法，色彩绚丽，装饰性很强。为什么到了唐代后期，不施彩色的水墨画会逐渐占有如此重要的地位呢？

一个民族的艺术，必然与其社会审美心理密切相关，水墨画的流行，实际上反映了唐代后期中国社会的一种深刻的变迁，这不仅仅在美术上表现出来，在文学上，我们同样可以看到这种巨大的变化。8世纪中叶以后，经过了"安史之乱"，唐王朝受到了沉重的打击，政治局势发生了巨大的变化，各地的地方势力开始强大起来，中央对地方的支配力相对削弱了，唐文化的黄金时代走向尾声。文人士大夫阶层中，如唐前期那样对国家积极建功立业的意识逐渐稀薄，像边塞诗那样苍凉而悲壮的歌声，李白诗那样清新刚健的盛世之音也逐渐消失，而代之以充满了寂寞之情的萧条淡泊的诗文和绘画。这正如司空图所说的："浓尽必枯，淡者屡深。"这可以说是唐代后期文化思想的一个总的倾向。这种思想倾向首先在文人中流行起来，然后迅速影响及于民间。在文学艺术的各个方面都不同程度地产生了影响。绘画也不例外，在着色绘画发展成熟以后，逐渐地被新兴的具有淡泊意境的水墨画代替了。

在绘画方面，我们可以看到从《唐朝名画录》《历代名画记》到五代荆浩的《笔法记》，对山水画的评价有一个微妙的变化，《唐朝名画录》对以青绿山水画著名的画家李思训给予很高的评价，称他"山水绝妙""国朝山水第一"。成书比它稍晚的《历代名画记》，则对青绿山水画家李思训与吴道子、王维的水墨山水画同样地赞赏，作者对以水墨画著称的张璪、项容、王默等画家都给予了较高的评价。到了五代荆浩的《笔法记》，则盛赞水墨山水画家张璪"气韵俱盛，笔墨积微，真思卓然，不具五彩，旷古绝今，未之有也"。同时对李思训则采取批判的态度，认为李画"大亏墨彩"。这恐怕反映了晚唐至五代的一个绘画审美倾向，即水墨山水画越来越受到重视，而传统的青绿山水画则相对受到冷落。

荆浩在《笔法记》中说："夫随类赋彩，自古有能，如水晕墨章，兴吾唐代。"说明水墨画的产生是在唐代。关于"晕章"一词，下店静市认为就是指水墨的渲染方法①。《历代名画记》载画家殷仲容用墨能具备五彩，正是后来所谓"墨分五色"的意思。也就是说，在这以前用彩色表现的效果，现在仅用墨就能达到了。可以想见，当时的画家们发现了水墨渲染的特点时，是如何地被这种迷人的特点所吸引，那样专注地研究和开发水墨画的技法。王维和张璪都画过破墨山水，《历代名画记》中还记载了王默以头发浸了墨作画的故事，在当时来说可以说是相当前卫的艺术行为了。但张彦远个人的观点，对泼墨画的评价却并不高，认为缺乏笔法的泼墨画还不能算是画。表明在唐代，水墨画还没有得到较高的评价。

---

① 参见《下店静市著作集》第 6 卷第 6 章《中国水墨画の发生成立について》（讲谈社，1985 年）。但下店氏认为泼墨与破墨都是渲染的方法，其实这二者是有区别的。

水墨山水画的兴起，在唐代来说是山水画的一个巨大变化，但应该看到，山水画最终走向水墨画，依然还是对"绘画六法"思想中"骨法用笔"的发展，而且把骨法用笔发展到了一个新的阶段。由于要强调用笔，就不能用浓重的色彩盖住了笔法的特征，所以用淡色或不用色便成了理所当然的事。而对笔法的重视还来自于文人的影响。自汉代以来，艺术评论中重视书法，轻视绘画。书家的地位通常较高，而画家的地位往往不高。这是因为书法家必然是读书人，必然是士大夫阶层，而专业画家与百工同等。所以阎立本耻于当画家，让他的儿子不要学画①。而历来的书法家虽位至高官，也决不会以书家为耻的。因而画论中谈到画法中的笔法，多借助于书法的用语。张彦远一再强调"书画用笔一也"②。并且在《历代名画记》中对善于书法的画家较为推崇，对能书的画家们总要特别记上一笔。如果说唐以前绘画的繁荣主要是受到宗教艺术的影响，受到民众审美精神影响的话，唐代后期水墨画的产生和流行则主要是受中国文人士大夫思想的影响，在擅长于水墨画的画家中，属于文人的画家不少，有的甚至在唐代诗坛占有重要地位。如王维、刘商等都有诗篇传世。由于文人的参与，绘画中从此渐渐地分出了两种类型，一是传统的宗教绘画依然由一些名不见经传的画工们发展着；一是在山水人物花鸟等绘画领域，渐渐由一些具有一定的文学和书法修养的文人画家们支配。

　　从敦煌壁画就可以看出，在唐代前期，壁画中的山水风景往往是用色艳丽，涂色较厚，画面中没有留白，每一个地方都填满了颜色，最后完成时还要勾线。这样的方法在唐代后期发生了一些变化。中唐以后壁画中山水背景的用色较淡，有时甚至还出现了留白，而在这种色彩浅淡的画面中，水墨的运用大量地出现了，这与《历代名画记》所载基本吻合。《历代名画记》卷三，《记两京外州寺观壁画》记载了吴道子画的壁画大多仅描了线，而让弟子们上色。像吴道子这样的大画家，他的每一笔都很珍贵，弟子们大概不敢贸然地覆盖他的笔迹，于是往往上色都

---

① 《历代名画记》卷九："国史云：太宗与侍臣泛游春苑，……急召立本写貌，内传呼画师阎立本，立本时已为主爵郎中，奔走流汗，俯伏池侧，手挥丹素，目瞻坐宾，不胜愧报。退戒其子曰：吾少好读书属词，今独以丹青见知，躬厮役之务，辱莫大焉，尔宜深戒，勿习此艺。"
② 《历代名画记》卷二，《论顾陆张吴用笔》。

很淡，就成了所谓"轻成色"①的效果。有的甚至不上色，这样就保持了原有的墨线。而在《历代名画记》中所记吴道子画的壁画，常常有"工人成色，损"的记录，作者从维护吴画风格的角度来看，涂色过分，以至失去了线描的精神，无疑是一种"损失"。从这个观点出发，少用色或仅用墨不用色比重彩更好。这样的看法大约也影响着绘画从着色走向水墨的发展。当然这样的画法不仅仅是山水画，包括一部分经变画、人物画也可以看出这样的倾向来。在莫高窟第 103 窟东壁的维摩诘经变中，维摩诘的形象几乎全用线描造型，仅用了极少的颜色。这可以说是张彦远所说的"轻成色"的例证了。这样的人物画在第 12 窟的中心柱后部也可以看到。在山水表现中，则在第 112 窟、第 54 窟、第 468 窟，都能看到用色极少，并有明显的水墨渲染效果的画面。

总之，水墨山水画的兴盛有着山水画发展的必然因素，一是由于注重写实性而发展起了对近景山石树木的仔细刻画；一是对青绿山水华丽的装饰性色彩的反对而走向极端，放弃了色彩的表现。而与此同时，文人士大夫的审美趣味对绘画产生了强烈影响，水墨晕染而又带有抒情性的山水画，特别适合文人的精神境界，于是山水画进入水墨画阶段以后，便得到了迅速的发展，逐渐成为了中国绘画的主流。

五 余 论

如果从西洋美术的角度来看中国的水墨画，恐怕会被认为是抽象派绘画吧。实际上水墨画产生之初是从写实的目的出发的。唐代由于水墨画技法的发展，对于岩石、树木等复杂景观的描绘开始走向成熟。当然，唐代有的画家已经在尝试用水墨表现抽象意境。但至少从唐、五代到北宋以来的绘画发展来看，水墨山水画是向着写实的道路发展的。

水墨画从唐代兴起，至宋元而达极盛，其后便成了中国绘画的主流，对此，米泽嘉圃认为是中国人古来就喜欢单色绘画的传统②。当然到了五代、北宋以后，中国人对水墨画是非常喜欢的，但在以前，恐怕并非如此。中国美术的发展，最初在绘画材料、技法尚未完善的时代，

---

① 《历代名画记》卷三，《记两京外州寺观画壁》。
② 米泽嘉圃《从白描到水墨画的展开》，《水墨美术大系》第一卷，讲谈社，1975 年。

经过了朴素表现的阶段，如原始时代的岩画、彩陶等表现出单色的特点。其实不仅是中国，这是世界上任何一个民族原始时代都必须经过的阶段。而有意思的是，汉代以后的壁画、画像砖等美术品，基本上都是用了颜色的。由于年代久远以及保存的问题，很多出土物已经看不出颜色了，但当时都是上了颜色的。发掘出土的秦兵马俑，也证实了当时的陶俑也上了色。南北朝时代的佛教雕塑，如青州的佛像等，保存了当时的艳丽的色彩。云冈和龙门石窟的雕刻，最初也都是有颜色的。这一系列的资料都说明了中国古代的传统并非是只喜欢单色。至少到唐代为止的美术，依然是以色彩为中心来表现的。

水墨画在唐代后期流行的原因已如前所述，五代以后水墨画成为了中国美术的主流，这是中国美术史上的一个重大转折点。如果说唐以前的绘画从某种意义上说是庶民的美术的话，五代宋以后以水墨画为代表的绘画则是士族阶层的美术。

关于水墨画的渊源，米泽氏认为白画（白描画）是早期的水墨画。白描画虽然在用墨（包括单色）等方面与水墨画相似，但实际上是不同的画种。如上所述水墨画的技法包括了笔法与墨法，但笔法虽与传统的笔法有关，却已经改变了早期线描的特征，而形成了皴法。而白画除了线描以外并没有皴法，更没有墨的晕染。另外，白画自原始时代以来，各时代都有表现，从时代上很难分出一个白画的阶段。出版于上世纪70年代的《水墨美术大系》，第一次系统地编集了水墨画的资料，至今在学术界仍有着一定的影响，因而，米泽氏的观点在一定程度上代表着以前水墨画研究的倾向。今天，随着石窟寺院壁画以及越来越多的墓室壁画的出土，我们对唐代的水墨山水画有了更为完整的了解，对于水墨画的发展以及与水墨画相关的古代审美思想也应该有一个更新的理解了。

第二节　榆林窟第 3 窟山水画

一　引　言

敦煌石窟开凿的最后阶段即西夏至元代，壁画中极少出现山水画。

但在榆林窟第 2、第 3 等窟中出现了山水画面，特别是第 3 窟的大型水墨山水画，标志着崭新的时代风格，代表了敦煌壁画晚期山水画的主要成果。并且从中可以看出敦煌艺术与中原艺术之间的某种联系，对于中国山水画史的研究来说，具有特别的意义。本节将以榆林窟第 3 窟为例，讨论两宋以来新的山水画风对敦煌地区的影响。

二　文殊变与普贤变中山水的配置

榆林窟第 3 窟是一个大型洞窟，窟中央设佛坛，四周分别绘有观无量寿经变、阿弥陀经变、文殊变、普贤变以及密教的曼荼罗、千手千眼观音变等。霍熙亮先生的《榆林窟、西千佛洞内容总录》认为本窟是西夏时期所建[①]。

洞窟西壁门北侧绘文殊变[②]，全画高 375 厘米，宽 50 厘米（图 117），画面的上部，集中描绘了山水景物（图 118）：中央主峰较为突出，呈"品"字形布局，在雄伟的山峰下画出寺院殿宇建筑，突出了宗教气氛。主峰的前面画出两峰相对如阙，从两峰间向外涌出一片火来，右侧的山下有一个山洞，两道森森的大门半掩，从中透出一道神秘的光来；在主峰右侧画出一道虹桥，上有 7 人徐徐前行。这些景象都与五台山的各种传说有关，如在莫高窟第 61 窟的五台山图中，就有"化金桥现处""金刚窟""那罗延窟"等题记。本图所绘也应是类似的内容。虽说是宗教的内容，画家却能使山水景物保持完整，并增添了神秘的色彩。在主峰的右侧又辅以三重山峦，由远及近，使主峰显得厚重、丰富。右下部接近大海的地方，画出水滨浅滩上的岩石和树木。左侧的壁画有部分脱落，不过还是可以看出构图的意图。远处的山峰与中央的主峰相对，明显地形成主客对照，房屋建筑大多掩映在山峦和树木之中，并多作侧面描绘，与主峰下描绘的建筑成正面相对，形成宾主揖让之

---

① 霍熙亮《榆林窟、西千佛洞内容总录》，《中国石窟·安西榆林窟》，文物出版社，1997 年。

② 关于"文殊变"与"普贤变"的定名，这里沿用《榆林窟、西千佛洞内容总录》所用之名。但实际上所谓文殊变与普贤变与通常所说的经变有所不同，从内容上看它并不是依据某一部特定的经变来绘制，从表现形式来看也没有表现佛教净土世界，因此，不能算是经变。或许定名为"文殊出行图"和"普贤出行图"更合理。但本文意在探讨其背景的山水问题，暂时沿用已有的定名。

图117 榆林窟第3窟西壁北侧 文殊变

图 118　榆林窟第 3 窟西壁北侧　文殊变上部山水

势，左侧下部突出一组山岩，把近景和远景联系起来。同时又于近景和远景之间画出云雾和树木等，体现出迷茫的空间感。

门南侧的普贤变高 365 厘米，宽 204 厘米（图 119）。上部主要画山水（图 120），这部分可以从中轴线分为两个部分，左半部分以两座雄伟的山峰占据了画面的主要位置，在两峰之间，有一道瀑布泻出。画面左侧在主峰后面可以看到作为远景的云雾缭绕的树丛，由远及近逐渐可以看到淡墨画出的山峰及流水。近处画出巨大的岩石，水从岩石上流下。在左侧下部则画出一片台地，其上画出唐僧取经图，又与上部的山水隔水相望。画面中央的一组山峦，看起来具有照应左右两侧的作用，在两侧的山岩下都画出巍峨的楼阁殿宇，在山峰左下部的山岩下，则画出简单的茅屋及有栅栏的院落。

右半部的山水较单纯，有一座山峰耸立，近处的山脉蜿蜒而上与其相连，其间崎岖的岩崖十分险要。山左侧画出云雾中的树丛与画面左

图 119　榆林窟第 3 窟西壁南侧　普贤变

图 120　榆林窟第 3 窟西壁南侧　普贤变中的山水

半部的山峰相接，在靠左侧的山峰中画出亭阁及殿宇，与这一片景色相
呼应。其中又以淡墨画出溪水，具有深远之感。画面右侧用淡墨画出
平远的景色，下部是绿树及茅屋、栅栏。通往这些房屋可以看见岸边
树丛旁的小路，表现出山的"可居""可游"的特点。近岸边画出巨
大的岩石。

　　若从全图来看，由于画中心是以文殊、普贤为主的人物，上部的
山水画在彼岸应为远景。但画家并不限于一个视点，山水分别体现出一
定的远近关系，表现出"高远""深远""平远"景色的不同特点，主要
以水墨画成。

　　敦煌壁画中，在文殊变和普贤变中画出背景山水始于唐代，盛唐
第 172 窟、中唐第 159 窟等都画有山水背景。如第 159 窟还在下部补充
画出关于五台山的内容。文殊变中的山水与五台山有着密切的关系[1]。
至于普贤变中的山水，有人推测为峨眉山。笔者认为，峨眉山附会为普
贤菩萨的道场大约在明朝以后，所以敦煌石窟中所绘的普贤变中的背景
与峨眉山无关。在唐代第 159 窟的普贤变下部画出的山水中，有题记显

----

① 　参见赵声良《莫高窟第 61 窟五台山图研究》，《敦煌研究》1993 年第 3 期。

示是五台山的一部分。联系起第 61 窟五台山图中也绘出普贤菩萨的形象，可知普贤变的背景与文殊变同样应是五台山图。

唐代文殊变、普贤变的背景山水所占画面较少，而榆林窟第 3 窟的文殊变与普贤变背景的山水竟占了三分之一以上的画面，人物完全处于山水环抱之中，而且山水气势磅礴，描绘细腻，完全称得上是大型的山水人物图。此外，唐以来的山水多以青绿重彩绘出，在莫高窟还未出现完全的水墨画，不仅敦煌，包括内地的寺院石窟壁画中，水墨画极为罕见，而这里的山水则完全是水墨画出，具有十分重要的意义。

三　山势构成

普贤变中最引人注目的是在布局上占主要地位的雄奇壮观的山峰，这样在画面中央主峰耸立的雄大构成是五代北宋以来华北系山水画的主要特征。我们在五代荆浩的《匡庐图》、北宋范宽的《溪山行旅图》等作品中可以看出，即郭熙称之为"高远"的构成。类似的风格，还有辽宁法库叶茂台古墓所发现的山水画挂轴，其中画出突兀的山峰，特别表现山石质感的那种长长的皴法与榆林窟第 3 窟的作法十分一致。这件作品的年代比荆浩的《匡庐图》略晚，大约为 940～968 年间[1]。看来由荆浩等画家所创的山水画样式在 10 世纪中叶已影响及于东北地区，此后更晚的时期，西北地区仍沿袭这种构成方式。

从山势构成来看，就高远取景，强调主峰的雄浑与壮阔等方面，可以看出类似范宽的华北山水画的风格特征，普贤变左侧的那种纪念碑式的山峰构成，水边的巨石以及两峰之间流出瀑布的作法（图 121），与范宽的《溪山行旅图》十分接近（图 122）。此外传为范宽的《雪山萧寺图》也具有同样的构图。画史记载范宽的特征是："峰峦浑厚、势壮雄强、枪笔俱均、人屋皆质"[2]。"山顶好作密林，……水际作突兀大石。"北宋以来，"齐鲁之士，惟摹营丘；关陕之士，惟摹范宽"。可见，

---

① 杨仁恺《叶茂台辽墓出土古画的时代及其他》（《文物》1975 年 12 期）中认为其山水的皴法近于五代卫贤《高士图》，落叶松的画法与董源、巨然一致，当是北宋以前的画，时代大约在 940～968 年间。1988 年出版的《中国美术全集·绘画编·两宋绘画上》把此山水画定名为《山弈候约图》，但在 1990 年出版的《中国书画》（上海古籍出版社）的《辽金西夏的书画艺术》一节中，杨氏又把此画定名为《深山会棋图》。

② 郭若虚《图画见闻志》。

图 121　普贤变中的山水（局部）

图 122 范宽《溪山行旅图》 北宋（台北故宫博物院 藏）

范宽在西北地区的影响是很大的，榆林窟壁画的作者学习继承范宽的方法，也是极自然的事。当然，相比之下，壁画中的山水稍嫌粗率了点，没有范宽那样精致的雨点皴以及山头的攒点。

而山峰的构成十分丰富，若从高远、深远、平远等空间的处理来看，榆林窟的壁画显然还有许多新的手法，如在多重山峰中表现出相互揖让、向背关系，以及从中体现出的深重、繁复的层次，又以山中的泉水、溪流以及大海的波浪，森林的云雾等丰富的场景，有意表现出高远、深远、平远的复杂空间的作法，不见于范宽的作品，却与郭熙的手法接近。

我们不妨比较一下郭熙的《早春图》（图123），作为北宋华北画派集大成者的画家郭熙的代表作，《早春图》对于"三远法"的熟练应用，以及所达到的成就是怎么评价也不过分的。该图以主山为中轴线，山势主要呈"S"形走向，并在其中穿插表现高远、深远、平远的景色，山势错落有致，并以墨的浓淡来表现近景与远景的对比。山头如云雾般柔和而富有生气，是郭熙的特征。普贤变中，主峰突出，右侧的山脉大体呈"S"形走向，山势蜿蜒。文殊变的左侧山峰与主峰的照应以及在山顶上小竖点的笔法等，都可以看出近似郭熙的方法。当然山峰的画法显得比较单薄，山峰与山峰的承接也不太自然，近景与远景的过度也有明显的拼凑痕迹。但从本图中可以看出画家对于"三远法"有明确的认识，对远景、中景、近景也有意识地加以表现。这样成熟的山水画意识，恐怕只有在郭熙画派的影响之后，才有可能产生。

虽然在这两幅山水画中有着如此明显的北宋山水画因素，但仔细观察，我们可以看出一些不同点。如在文殊变山水背景中，除开左侧的山峰以后，与郭熙的《早春图》构图十分一致，但左侧的山峰是比较高的，从整体来看，山势构成呈X形状，也就是所谓对角线构图。而普贤变的山水背景中，也不像范宽的山水画那样单纯没有那种充满威压的量感，山峰的组合有一些不自然，而从普贤变全图来看，却正是X形构图。这样的X形构图是南宋李唐、马远、夏圭等画家作品中常见的

图 123　郭熙《早春图》北宋（台北故宫博物院　藏）

构图形式[①]。所以，从某种意义上说，榆林窟第 3 窟的山水画具有南宋绘画的特征。

金灭北宋后，占领了北方大部地区，北宋的画家有不少流落北方，郭熙画派在北方依然继续，直到元代以后，仍产生着广泛的影响。金及元代的画家在学习郭熙派山水的同时，形成一种样式化的倾向。特别是元代以后，依然活跃的“李郭画派”，他们以北宋李成、郭熙为师，吸取其构图的技法，但在很大程度上抛弃了写实的精神，而移入了主观的成分，表现出形式化的倾向，榆林窟壁画中正表现出这种类似的倾向。

四　树木的特征

树木的画法有一部分来自五代北宋的传统。如普贤变背景右侧部分山中类似枯枝的表现，只见树枝，不见树干（图 124）。这与米芾《画史》所说关仝“石出于毕宏，有枝无干”的记载一致，所谓“有枝无干”的画法，在关仝的作品《关山行旅图》中可以体会出来，壁画中的树木更显得古朴，基本上看不出树干来。与传为范宽的《雪山萧寺图》中的树干比较（图 125），虽没有范宽的那样细致，但同样是表现北方生长的树木，体现出明显的地域特征。在枯树中掺杂画出常绿树林的画法也可以在范宽的《临流独坐图》等作品中看到同样的表现。

但是更多的树木表现体现出江南一派山水画的影响。普贤变左上部山水中，山峰左侧的云雾中的树木与米家山水画法十分相似（图 126），这从米友仁的《潇湘图卷》等作品中可以找到类似的树法，另外如赵令穰《湖庄清夏图》、《秋塘图》等作品中（图 127），也有这样的以淡墨渲染云雾的景象，赵令穰的山水大致属于米氏一派的画法[②]。此外，我们还可以从《潇湘卧游图卷》中看到更接近于壁画树木的画法，即在树木的上部画出枯枝（图 128），下面可见树干，中间留出空白，并以墨的浓淡来表现云雾。这幅画题为舒城李氏所作，也属于米氏

---

① 小川裕充《宋元山水画における構成の伝承》，东京大学大学院人文科学研究科《美术史论丛》13 号，1997 年。
② 米泽嘉圃《中国绘画史研究·山水画论》，《东洋文化研究所纪要·别册》，1961 年。

图 124　普贤变中的树木

图 125　（传）范宽《雪山萧寺图》中的树木　北宋（台北故宫博物院　藏）

图 126　普贤变中的丛林

图 127　赵令穰《秋塘图》　北宋（日本　大和文华馆　藏）

图 128 《潇湘卧游图》(局部) 北宋(东京国立博物馆 藏)

一派山水 [1]。类似的表现手法,在元代李容谨《汉苑图》、佚名《明皇避暑宫图》等作品中也能见到,说明到元代依然流行这样的画法。不过在壁画中显然画家对于江南山水没有切身的体会,树丛的画法有些模式化的倾向,而且与旁边的山峰 的组合也不十分协调。可是,对于西北的壁画来说,当时,这样的技法一定是很新鲜,甚至是一种时髦,所以画家也以极大的热情画出这样的景色。

如果注意到洞窟门上维摩变中残存的一幅山水小景图(图 129),就会理解画家对米氏山水的继承绝不是偶然的。这幅画差不多可以叫做没骨山水画了,纯用淡墨晕染,右侧画出山中一所房屋,屋子前有曲栏,曲栏环抱的大约是水池。中央的两座山峰墨色浓重,画面左侧作远景。总的来说是一幅平远山水图。这样抛开线描和皴法,完全以淡墨晕染来表现山水的作法,不由令人想起米友仁的《远岫晴云图》(图 130),表现山水的效果方面确有很多相似之处。如果不是对水墨技法的高度掌握,是不可能在墙壁上画出这样的风景的。

---

① 铃木敬《〈潇湘卧遊圖卷〉について》(上)、(下)。《东洋文化研究所纪要》,第 61、第 79 号。

图 129 　榆林窟第 3 窟东壁门上部　山水

图 130 　米友仁《远岫晴云图》 南宋 （大阪市立美术馆　藏）

另一种树木出现在文殊变的山水中，画面左侧山脚的水滨画出一株挺拔的树，笔法刚硬（图 131），比起写实性来，画家更注重笔法的形式感，这种具有书法笔意的画法，在南宋山水画中常常可以看到，特别是马远的树法。马远的作品中表现树木的很多，著名的有《华灯侍宴图》中的树木可以说是最具风采的（图 132），树枝的画法充满了书法趣味和舞蹈般的韵律。而这样的树也不完全是现实生活中的写生，恐怕是艺术家想象以及画面装饰性需要的结果。实际上在很多作品中，马远的作品往往只画一两株树，体现出挺拔的气度，如《雪山双鹭》《梅间俊语》等图。壁画中这部分也不作树丛，而是画单枝的树木，这种趣味也是惊人的相似。

图 131　文殊变中的树木

图132　马远《华灯侍宴图》(局部)　南宋(台北故宫博物院　藏)

还有一种表现北方远景的画法，主要见于普贤变中的唐僧取经场面的台地边沿以及中部山中楼阁附近。仅画出直直的树干，以横长的点画出树叶，这种表现有样式化的倾向，在(传)李唐的《文姬归汉图册》中有多处表现。

总之，树木的描绘中，保存着一定的五代北宋的传统，但更多的是南宋以后的新样式。从画面全体来看，冬天的丛林，春天的杨柳同时存在，季节性并不明确。仿佛要把南北各地的风景收纳于一图之中。仅从树木的画法来看，较多地体现出南宋以后的风格。

五　小景画意识

"小景画"并不仅是指画幅比较小的画，而更多地是指有别于全景式山水构成的较简单的风景和花鸟画。《宣和画谱》说："布景致思，不盈咫尺而万里可论，画墨竹与夫小景，自五代至本朝，才得十二人。"说明到北宋晚期时，画小景的人还很少。赵令穰是以"小景"画出名的，邓椿在《画继》里说"其所作多小轴，甚清丽"。到了南宋时期，小景画开始大量出现，如册页、扇面等，或选取山水的一角，或几株树木，几个石头，从某种意义上说，南宋马远、夏圭一派的山水画，只画山水的一部分，就具有小景画的特点，这样的小景发展到元代，更加简单，已不在乎是否真实，而是追求一种纯形式感的构成了。

在榆林窟第3窟的壁画中，透露出小景画的表现特征。如文殊变上部左侧的山水楼阁，画家视点较高，透过楼阁看远景，这是李唐《江南小景》的观察方法，但不是华北山水的特征。沈括在《梦溪笔谈》中说过："大都山水之法，以大观小，如人观假山耳。"实际上这种如"人观假山"的方法正是江南山水画新的观察法和表现法，也就是小景画的意识。此外，壁画中的小景画特征还表现在以近景的岩石来充当高大的山峰，如普贤变上部左侧的山峰，通过近景中耸立的岩石、类似假山或太湖石来表现山峰，这实际上是把巨大的山峰画成园林中的石头一样，泉水从岩石上流下来，也显得不太自然。文殊变上部的右侧则直接画出一株树和一两块岩石立在水滨（图133），在那样宏大的山水环景中，显得有些不协调，这显然是把小景画法的思维来组构全景式山水。

图133　文殊变中的树石小景

表现水畔汀渚的景色，以淡墨作水平方向晕染，绘出水滨浅滩，也与赵令穰的风格接近。这样的小景画的倾向，在榆林窟第2窟明显地反映出来。本窟是与第3窟紧邻的洞窟，其营建时间也不会相差太大。

在正壁（东壁）的故事画中画出了山水背景，描绘树石的技法都体现出新的因素。特别值得一提的是西壁门两侧各画出一铺水月观音，都采用对角线构图的方法，如北侧的画面中，观音菩萨坐在右侧的岩石上，面朝左上方，右上部画出一弯新月，下部是清澈的绿水，画面从右上部到左下部形成一条对角线，右上部是天空，画面十分空旷，左下部则是人物和岩石及树木等，画面很满（图134）。这样"虚"与"实"分开，对比强烈的风格，正是南宋马远、夏圭的特色。马远、夏圭等画家探索出了"意到笔不到"的原理，充分发展了中国画的空白处理技法，使山水画更具有魅力，被当时的人戏称为"马一角""夏半边"。而壁画历来的传统都是以"满"为特征的，很少留出空白，这两幅水月观音图却大胆地采用了传自南方的新技法，在画面中留出大面积的空白，在中国石窟寺院的壁画中也是十分独特之例。画中岩石和彩云都具有

图134　榆林窟第2窟　水月观音

装饰画风。树木、竹、花草及流水的笔法都体现着南宋院体画的风格，说明这些壁画的作者绝不是边陲之地的普通画家，完全有可能是来自中原的高手。

六　榆林窟第3窟的年代

关于榆林窟第3窟的营造年代，至今有二说：

西夏说

敦煌研究院段文杰、刘玉权诸先生的论文及霍熙亮的《榆林窟、西千佛洞内容总录》都主张为西夏所建[①]。北京大学的宿白先生在研究了壁画中塔的形式后，认为当为西夏时代之物[②]。不过宿白先生在同一论文也说明了同样形式的塔，在元代也存在。

另外一个理由，则是在与第3窟紧邻的第2窟中有着西夏民族服装的供养人形象，这样就可认定第2窟为西夏，而第2窟与第3窟在表现形式上有很多相同的东西，应是同一时代营建的。

元代说

考古学家向达在50年代就认为此窟为元代所建[③]，中国社会科学院黄时鉴先生根据榆林窟第3窟壁画中的蒸馏酒器的研究，从科技史的角度认为当为元代以后之物[④]。

第3窟的甬道有着蒙古族服饰的供养人像，而且有元至正二十五至二十六年（1365～1366）的题记文字。题记的内容为当时巡礼者所书，而非造窟者。所以题记应比造窟时代稍晚。游人题记不见得一定比造窟年代晚一个时代，况且1227年西夏已为蒙古人所灭。

我们不妨调查一下与榆林窟第3窟风格和时代相近的佛教遗迹。

---

①　段文杰《榆林窟壁画艺术》，《中国石窟·安西榆林窟》，文物出版社，1997年；刘玉权《瓜沙西夏石窟概论》，《中国石窟·敦煌莫高窟》第五卷，文物出版社，1987年；霍熙亮《榆林窟、西千佛洞内容总录》，《中国石窟·安西榆林窟》，文物出版社，1997年。

②　宿白《莫高榆林两窟的藏传佛教遗迹》，《藏传佛教寺院考古》，文物出版社，1996年。

③　向达《莫高、榆林二窟杂考》，《唐代长安与西域文明》。

④　黄时鉴《中国烧酒的起始与中国蒸馏器》，《文史》第41集，中华书局1996年4月。

在敦煌附近的肃北县五个庙石窟第1窟被认为是西夏时代重修的①。窟内的文殊变、普贤变、八塔变等内容与榆林窟第3窟一致，而且背景中也画出水墨山水画。但其构成较满，与榆林第3窟不同。只是用色较少，以水墨表现是它们的共同点。五个庙第1窟壁画时代的判定并没有特别的依据，而是因为与榆林窟第3窟相似，既然榆林窟第3窟已被假定为西夏时代，那么，肃北五个庙石窟也就随之而定为西夏了。当然两窟壁画风格之间的相似点是十分明显的，但考虑到古代敦煌文化圈中，瓜沙二州应是文化的中心，五个庙石窟的壁画应是受莫高、榆林二窟的影响下所绘，只有明确了榆林窟第3窟的时代，才有可能正确推测出五个庙第1窟的壁画时代。

　　山西省的岩山寺（1158）壁画是与西夏同时的金代所建②。其中也可看出作为经变画背景的山水、建筑等。其山水树木多施以石绿、石青等重色，可以说是唐代以后壁画所通用的青绿山水画法，与榆林窟第3窟水墨壁画完全不同。

　　辽代的庆陵，还保存着四季山水壁画，用墨线勾勒并着色③，还不能说是完全的水墨画，而且山水构成极为简单，表现出北方地区的景色，与榆林窟第3窟的水墨山水画风不同。

　　20世纪初期俄国探险队在内蒙古哈拉浩特地区发现了大量的佛教绘画，现保存于俄国艾尔米塔什美术馆，据研究，这些作品主要是西夏时代的绘画，包括佛像、来迎图、经变画等④，但基本上没有出现山水表现，即使是作为背景，也很难看到山水绘画。

　　以上，与西夏时代相当的美术品中，除了五个庙石窟以外，与榆林窟第3窟相似的资料基本上没有。从地域上看，哈拉浩特比敦煌更接近西夏的首都兴庆（今银川市附近），如果当时流行某种新的艺术风格，在哈剌浩特看不到任何反映，而在敦煌地区则出现了完美的表现，这是难以想象的。

　　从历史上看，西夏占领敦煌是1036～1227年间，正是中原王朝

---

　　① 王惠民整理《肃北五个庙石窟内容总录》，《敦煌石窟内容总录》，文物出版社，1996年。
　　② 柴泽俊《山西古代寺观壁画》，《中国美术全集·绘画编13·寺观壁画》，文物出版社，1988年。
　　③ 田村实造、小林时雄《庆陵》，京都大学文学部，1953年。
　　④ *Lost Empire Of The Silk Road Buddhist Art from Khara Khoto*,（ Ⅹ ～ ⅩⅢ th Century）Fonzadione Thyssen–Bornemisza Villa Favorita, Lugano, 1993.

由北宋到南宋期间。也是在北方，金、辽、西夏由并存而相继消亡的时代。11 至 12 世纪之间，西夏不断地与邻近的金、辽、北宋、南宋发生战争。对于西夏王国来说可能无暇进行文化方面的建设。12 世纪后半叶，形势逐渐安定下来，形成西夏文化的繁荣阶段，已是 12 世纪末叶的事了。据《宋史》，"建中靖国元年乾顺始建国学，设弟子员三百，立养贤务以廪食之"①，到了仁孝皇帝时代，开始倡导儒学，尊崇孔子。"绍兴十五年八月，夏重大汉太学，亲释奠，弟子员赐予有差，十六年尊孔子为文宣帝。……三十一年立翰林学士院，以焦景颜、王佥等为学士，俾修实录"②。当西夏建立起一套与汉族政权相当的文化体制时，已接近了晚期，其后三十年左右，西夏便灭亡了。一般来说，只有当西夏整体文化振兴的时代，才会重视对两宋发达的文化艺术的学习，从而把来自宋朝的文化艺术传入更为偏僻的河西地区。

西夏占领敦煌以前，瓜沙二州为归义军曹氏统治。曹氏学习五代中原王朝之制而设立画院③，当时的石窟壁画主要是曹氏画院的画工们所作，西夏占领敦煌以后的一段时期，曹氏画院的画工们还在，信仰佛教的西夏民族可能还会利用这些画工们制作壁画。所以西夏前期的壁画与曹氏时代应相差不大。西夏新的时代风格出现，已到了西夏后期。榆林窟现存有西夏纪年的题记共 5 则，其中 4 则都是 12 世纪以后所题④。

榆林窟第 29 窟由于有明确的西夏供养人题记，据考古学家的研究，此窟为 1193 年所建⑤。如果以此窟为基准，则这种完全新的西夏风格壁画的出现，已是 12 世纪末叶了。而第 3 窟与第 29 窟的风格差异是很大的。山水画的特征也可看出其差异，如第 29 窟的文殊变和普贤变中分别都画出了山水背景，虽说基本上是水墨画风，但造形较为简略，具有图案性质，与第 3 窟完全不同（图 135）。别的经变和佛像等造型也与第 3 窟差距很大。第 29 窟壁画中的人物造型被认为是有很强的党项人

① 《宋史》卷 486《外国二·夏国下》，中华书局，1985 年。
② 同上。
③ 姜伯勤《敦煌的画院与画行》，《1983 年全国敦煌学术会文集·石窟艺术编下》，甘肃人民出版社，1987 年。
④ 段文杰《榆林窟党项、蒙古政权时期的壁画艺术》，《敦煌研究》1989 年第 4 期。
⑤ 刘玉权《榆林窟第 29 窟窟主及其营建年代考论》，《段文杰敦煌研究五十年纪念文集》，世界图书出版公司，1996 年。

特征①。而且，第29窟壁画中还出现了秃发人物形象，从考古资料来看，辽代壁画中秃发人物出现较多，应是契丹族的特征。西夏长期与辽国有交流，生活习惯受其影响也是很自然的事。在哈拉浩特出土的西夏观音图中，也有秃发人物的形象。而这样极富有民族特征的形象在第3窟却并没有出现。总之，不论从经变的构成形式、壁画的表现方法还是人物形象的特点方面都很难找到第3窟与第29窟的共同点。所以第3窟的壁画很难想象与第29窟同为一个时代的作品。

图135　榆林窟第29窟　文殊变中的山水　西夏

　　如前所述，第3窟的山水壁画中具有明显的南宋山水画风格因素，特别是米氏云山的画法，马远、夏圭的小景画法等。米友仁作《远岫晴云图》《云山得意图》等作品时大约是12世纪30年代，舒城李氏的《潇湘卧游图》大约成于1170年前后，而马远、夏圭等活跃于画坛时，已是12世纪末、13世纪初了，考虑到南宋院体画的新风传到北方并广泛运用的时间过程，同时还有金至元代活跃于北方的"李郭派"山水画的因素，第3窟的壁画作于13世纪中叶或者以后的可能性比较大。

---

　　① 段文杰认为第29窟的供养人脸形与历史上所记载西夏王元昊"圆面高准"的特征相符合。（《榆林窟党项、蒙古政权时期的壁画艺术》，《敦煌研究》1989年4期。）

第三节　榆林窟第3窟壁画中的亭、草堂、园石

一　引　言

　　榆林窟第3窟西壁门两侧绘制了大型的文殊变、普贤变，其中作为背景的水墨山水画是敦煌壁画中风景表现的独特作例，已在前一节论述。本节将进一步考察这两幅山水画中表现出来的亭、草堂、园石。

　　在敦煌石窟各个时代的壁画中，作为背景常常画出山水、建筑。建筑物则多绘宫殿楼阁，象征着佛教的净土世界。或者是描绘寺院之类的建筑，大体都是与佛经的内容相关的。而榆林窟第3窟文殊变和普贤变壁画中，除了佛寺以外还画出了一些特别的建筑物，这就是亭和草堂，另外还出现了园石。

　　A　亭：在普贤变中有三处绘出了亭，1.中央部的山峰上部，是盝形顶的四方亭，三间开，草屋顶，亭周围有栏杆（图136）。2.画面中央左侧，绘出与前者类似的四方形亭，也是三间开，草屋顶，亭周围有垣（图137）。3.画面的右上部远景的山边河畔绘有一亭，也是三间开，亭下部可见有柱支撑，表明是建在水上的（图138）。

　　此外在第3窟门上部维摩诘经变中有一幅山水画，山水的中心为一座亭，亭前有栏杆围成一个广场（图129）。

　　B　草堂（茅屋）：1.在普贤变右侧，由竹篱围成的院子，其间有几间十分朴素的屋子，草屋顶（图139）。2.普贤变中央部靠下的左侧，亭的下部在岩石下面半隐藏着一座院落，屋子的构造不能完全看到，大体与前者类似的歇山顶草堂（图137）。3.文殊变的左侧也有一座草堂，是在一个平台上的独立的草屋（图140）。这座建筑画得很仔细，但壁画的左侧有些残破，不知道原来是否有相关的别的建筑。

　　C　园石：唐代以来，山水风景中画出石并不奇怪，然而这里所说的园石，是指在园林中作为观赏的石头，这样的石头在绘画中表现出来，有着特别的意义。文殊变山水的右侧下部海边，荒滩上画出了石头和树木（图133）。这两块竖着的石头都是细长，在中间有相连的地方。

图 136　榆林窟第 3 窟　普贤变山水中的亭

图 137　榆林窟第 3 窟　普贤变山水中的亭与草堂

图 138　榆林窟第 3 窟　普贤变中的亭

图 139　榆林窟第 3 窟　普贤变中的草堂

图 140　榆林窟第 3 窟　普贤变山水中的草堂

这不像是自然风景中的石头，而是人工立在那儿的样子。在文殊变左侧草堂旁边的石头造型与之十分相似，而草堂前的这一石头显然是作为园中的观赏石，也就是所谓园石。

草堂、亭、园石等都是与中国古代文人生活密切相关的风景要素，在宋元山水画中成为常见的景物，但与文殊变、普贤变并没有直接的关系，它们是作为山水画的要素而被描绘在佛教壁画中的，表明了中国文人意识浓厚的山水画对佛教艺术的强烈影响。

自南北朝以来，贵族文人们常常在景色优美的地方造别庄，在那里住宿或与友人集会，一起饮酒赋诗。别庄通常都与都市的豪宅不同，往往是十分朴素的房屋。或者在都市里造园林，收集奇石花卉以观赏。在这样的风气影响下，山水画里也描绘出了亭、草堂之类的特定的建筑物以及园石。榆林窟山水画中表现出这样的园林要素来，体现了中国传统的文人意识。

以下，对亭、草堂等建筑所包含的文化意义，以及在中国园林中的功能进行梳理，并调查古代画家作品中的这类建筑物，以考察敦煌壁画中文人意识的影响。

二　文人审美意识以及相关的园林要素

人类的生活方式一般来说有由游牧生活或家业生活逐渐向都市生活发展的倾向。特别是各时代的统治者通常是居住在都市，于是作为都市的新文明就诞生了。然而，由于城市文明不免充斥着严酷的政治斗争和商业气氛，又使人们十分怀念和向往昔日的农村生活，即使是皇帝也偏爱模仿自然风光的园林，如汉武帝营造了大规模的上林园，可在里面狩猎或游玩。同时在城市中造出的模仿自然的小型园林也是很多的。这样，虽然没有到实际的山林之中，却能欣赏到山水风景。东晋简文帝游华林园时，对左右说："会心处不必在远，翳然林水，便自有濠、濮间想也。觉鸟兽禽鱼，自来亲人。"[1] 表明了当时对于人工建造的园林的欣赏。这也是园林发展的一个理由。

由皇帝开头，贵族们也纷纷建造起别庄和园林。尤其是那些在政治上失意的贵族们，找一个自然风景美好的地方建立别庄，无疑是一个解脱的良方。

六朝是政治比较黑暗的时代，很多名门士族逃离政治，到一些风景优美的地方吟诗作赋，一时形成风气。如嵇康、阮籍、山涛等士族文人常聚会于竹林清谈，时称"竹林七贤"[2]，是当时文人的代表人物。王羲之等人的兰亭集会，也是东晋时代有名的文人雅会[3]，并留下了著名的诗篇和不朽的书法作品。在这样爱好山水风景的社会风气下，文学方面产生了山水诗，绘画方面则形成了山水画。

另外，一部分文人对当时社会不满，返回到农村去过一种朴素的

---

① 余嘉锡《世说新语笺疏》，中华书局，1983年，第120~121页。
② 《三国志·魏书·王粲传》注引《魏氏春秋》：（嵇）康寓居河内之山阳县，……与陈留阮籍、河内山涛、河南向秀、籍兄子咸、琅邪王戎、沛人刘伶相友善、游于竹林，号为七贤。（中华书局点校本，1959年，第606页）
③ 《晋书·王羲之传》：尝与同志宴集于会稽山阴之兰亭，羲之自为之序以申其志。（中华书局点校本，1974年，第2099页）

田园生活。如"不为五斗米折腰"①的陶渊明，辞官回到了农村，过着自由的生活，并作了大量的诗文，描绘田园生活的美好和与农民们一起生活的快乐。

王羲之和陶潜的生活方式虽然很不一样，但对于自然风景的流连和歌唱却是一致的，这一点对后世的文人们产生了很大的影响。于是，文人雅会就往往有一个内容，即欣赏山水风景和吟诗作赋。这样就需要一个特定的场所，这就是在风景优美的地方建造的别庄或在都市建造的模仿自然的园林。当然园林中包含各种建筑要素。本文主要考察亭、草堂和园石。

亭

亭，是古代中国建筑的一种。没有墙壁，四面通风的小型建筑。最初亭的形式有很多种，宋代以后，四方形或多角形亭越来越多。

秦汉时代，每十里设一亭，亭就是最小的行政单位。《释名》："亭，停也。人所停集也。"②另据《风俗通义》："今语有亭留、亭待，盖行旅宿食之所馆也。亭亦平也。民有讼诤，吏留办处，勿失其正也。"③那时的亭的建筑特征不清楚，但从有食宿功能，又作为处理讼诤的场所等情况看，汉代的亭恐怕不会是现在所见的简单的建筑。

魏晋南北朝以来，亭的职能产生了变化，亭逐渐成为了一种特定建筑的名称而存在。而以前作为人们聚集的场所这一性质依然，只是集会的意义发生了变化，已经不是一种行政性的集会，而是人们在一起观赏风景、饮酒赋诗的场所。所以，亭不一定建立在交通便利的地方，而总是建在风景优美的地方。于是，亭的文化意义就发生了变化。

亭与文艺相关为人所熟知的，就是东晋书法家王羲之的《兰亭集序》，它记录了永和九年东晋的一些文人们聚集在兰亭，观赏风景和作诗的情景。这样的文化活动是东晋以后士大夫文人间十分流行的事。据《世说新语》，从西晋迁移到南方的贵族文人们，每当风和日丽之日，

---

① 《晋书·陶潜传》：以为彭泽令，……郡遣督邮至县，吏白应束带见之，潜叹曰："吾不能为五斗米折腰，拳拳事乡里小人邪。"义熙二年，解印去县。（中华书局点校本，1974 年，第 2461 页）

② 《太平御览》卷一八一，居处部二二，亭。（中华书局，1960 年，第 937 页）

③ 同上。

就相邀到新亭宴饮①。南朝宋代的徐湛之为南兖州刺史时，在广陵城北建风亭、月观、吹台、琴室等，并植树木花卉，招文人游览而传为一时盛事②。可见亭与文人的生活有着密切的关系。

六朝及唐宋各时代与亭相关的文人活动及诗赋作品，各时代记载很多。如文学史上有名的唐代的《丰乐亭记》，宋代的《醉翁亭记》等，唐诗中与亭相关的作品也数量很多。仅《唐诗类苑》所收录的与亭相关的唐诗就不少③。

从《全唐诗》中，我们就可以查到有大量诗名中包含"亭"字的诗（表1）。如"林亭""竹亭"这样的名称，往往把主人的名字也写出来，如"郑家林亭""孙氏林亭""崔处士林亭"等名称，这些都属于私家园林中的亭。从亭所在的场所来看，有都市中的亭，也有郊外的亭，如"东亭""南亭"等以方位来称呼的，可能是郊外的亭。其实在唐诗中还有大量的诗虽然在题目上没有亭字，但实际描述的是亭的内容。因数量较多不再详述。宋代以后，亭的名称更多采用文学性的名称，《洛阳名园记》和《吴兴园林记》中记录了较为具体的亭名（参见表2、表3）。如《洛阳名园记》中所记的郑富公园里，竹林中有五亭，分别名为"丛玉""披风""疏风""夹竹""兼山"。湖园中有迎辉亭、环翠亭。南宋的《吴兴园林记》中，叶氏石林中有"岩居""真意""知止"等亭，于是亭更增添了文人的色彩。

表1　以亭为主题的唐诗

亭的种类	题　　　　　名	作者	作者年代
林亭 36	贾常侍林亭燕集	韦应物	737 ~ ?
	裴侍中晋公以集贤林亭即事诗二十六韵见赠猥蒙征和才拙词繁辄广为五百韵以伸酬献	白居易	772 ~ 846
	集毕氏林亭	陈子昂	661 ~ 702
	林亭咏	张九龄	678 ~ 740

---

① 《世说新语·言语》：过江诸人，每至美日，辄相邀新亭，藉卉饮宴。（余嘉锡《世说新语笺疏》，中华书局，1983年，第92页）

② 《宋书·徐湛之传》：（徐湛之）善为政，威惠并行。广陵城旧有高楼，湛之更加修整，南望钟山。城北有陂泽，水物丰盛。湛之更起风亭、月观，吹台、琴室。果竹繁茂，花药成行，招集文士，尽游玩之适，一时之盛也。（中华书局点校本，1974年，第1847页）

③ 《唐诗类苑·居处部亭》，汲古书院，1991年。这里统计的仅仅是诗题上直接出现亭的作品，实际上描绘与亭相关的唐诗数量远远超过此数。

	林亭寓言	张九龄	同上
	题丰安里王相林亭二首	温庭筠	812～870？
	题郡端公林亭	权德舆	759～818
	鄠郊山舍题赵处士林亭	李洞	？
	酬卢司门晚夏过永宁里弊居林亭见寄	羊士谔	
	冬日宴郭监林亭	卢纶	
	题独孤使君湖上林亭	刘长卿	725～786？
	东都冬日会诸同年宴郑家林亭	白居易	772～846
	晚春青门林亭燕集	耿沛	
	与卢员外象过崔处士兴宗林亭	王维	701～760
	同过崔处士林亭	卢象	
	同过崔处士林亭	王缙	
	酬王维卢象见过林亭	崔兴宗	
	早春与张十八博士籍游杨尚书林亭寄第三阁老兼呈白冯二阁老	韩愈	768～824
林亭 36	夜会郑氏昆季林亭	方干	？～886
	华阴韦氏林亭	温庭筠	812～870？
	题城南杜邠公林亭	温庭筠	同上
	奉和李相公题萧家林亭	韩愈	768～824
	孙氏林亭	方干	？～886
	旅次扬州寓居郝氏林亭	方干	同上
	题越州袁秀才林亭	方干	同上
	题崔驸马林亭	朱庆余	
	夏日题老将林亭	张蠙	
	书吴道隐林亭	方干	？～886
	题裴晋公林亭	温庭筠	812～870？
	题崔驸马林亭	无可	
	题贾巡官林亭	杨巨源	
	题圭峰下长孙家林亭	韩琮	
	褚家林亭	皮日休	834～883？
	奉和褚家林亭	张贲	
	奉和褚家林亭	陆龟蒙	？～881
	道州春游欧阳家林亭	吕温	

园亭 2	崔礼部园亭	张说	667 ~ 730
	园亭览物	韦应物	737 ~ ？
野亭 4	野亭三韵送钱员外	李端	
	寄题杜二锦江野亭	严武	
	奉酬严公寄题野亭之作	杜甫	712 ~ 770
	陪王侍御宴通泉东山野亭	杜甫	712 ~ 770
津亭 2	京口津亭送张崔二侍御	许浑	791 ~ 854 ？
	津亭有怀	耿沣	
亭子 2	宿村家亭子	贾岛	779 ~ 843
	题王侍御宅内亭子	黄滔	
竹亭 4	酬王维春夜竹亭赠别	钱起	
	春日题苗发竹亭	耿沣	
	题苗员外竹间亭	卢纶	
	题杨虢县竹亭	卢纶	
槐亭 1	题朗之槐亭	白居易	772 ~ 846
新亭 9	登历下古城员外孙新亭	李邕	678 ~ 747
	同李太守登历下古城员外新亭	杜甫	712 ~ 770
	陪李北海宴历下新亭	杜甫	712 ~ 770
	和宋太史北楼新亭	孟浩然	689 ~ 740
	过裴长官新亭	钱起	722 ~ 780 ？
	题杨侍郎新亭	刘商	
	题周皓大夫新亭子二十二韵	白居易	772 ~ 846
	题韦郎中新亭	张籍	768 ~ 830
	题盛令新亭	方干	？ ~ 886
高亭 3	高亭	白居易	772 ~ 846
	题元处士高亭	杜牧	803 ~ 853
	田中丞高亭	贾岛	779 ~ 843
东亭 9	夜饮东亭	宋之问	？ ~ 712
	重题郑氏东亭	杜甫	712 ~ 770
	田仓曹东亭夏夜饮得春字	韩翃	
	题裴十六少卿东亭	李嘉祐	
	东亭闲望	白居易	772 ~ 846
	裴仆射东亭	钱起	722 ~ 780 ？
	泾溪东亭寄郑少府谔	李白	701 ~ 762
	步出武陵东亭临江寓望	刘禹锡	772 ~ 842
	题李十一东亭	白居易	772 ~ 846

	宴南亭	王昌龄	690～755
南亭 19	征秋岁毕题郡南亭	白居易	772～846
	南亭与首公燕集	许浑	791～854？
	晨至南亭呈裴明府	许浑	同上
	南亭偶题	许浑	同上
	春游南亭	韦应物	737～？
	秋日陪姚郎中登郡中南亭	郑巢	
	会凤翔张少尹南亭	耿恒	
	宴梓州南亭得池子	卢照邻	637～689？
	陪窦侍御灵云南亭宴	高适	？～765
	新都南亭别郭大元振	卢崇道	
	河南郑少尹城南亭送郑判官还河东	皇甫冉	
	游南亭夜还叙志七十韵	柳宗元	773～819
	杨家南亭	白居易	772～846
	南亭	赵嘏	
	题朱秀城南亭子	章孝标	
	秋晴独立南亭	杨发	
	再题路支使南亭	方干	？～886
	和徐先辈秋日游泾州南亭呈二三同年	姚鹄	
西亭 14	和吴舍人早春归沐西亭言志	韦应物	
	题杨颖士西亭	白居易	772～846
	题西亭	白居易	772～846
	游朝阳岩遂登西亭二十韵	柳宗元	773～819
	池西亭	白居易	772～846
	西亭	元稹	779～831
	夏夜西亭即事寄钱员外	耿沣	
	雪溪西亭晚望	张籍	768～830
	晚春宴无锡蔡长官西亭	李嘉祐	
	洛下诸客就宅相送偶题西亭	白居易	772～846
	西亭	李商隐	813～858
	题西亭	白居易	772～846
	宿府池西亭	白居易	同上
	西亭子言怀	张谓	
北亭 3	霖雨苦多江湖暴涨块然独望因题北亭	白居易	772～846
	北亭独宿	白居易	同上
	北亭卧	白居易	同上

小亭 3	自题小草亭	白居易	同上
	西省北院新构小亭种竹开窗东通骑省与李常侍隔窗小饮各题四韵	白居易	同上
	题长洲陈明府小亭	方干	？～886
后亭 2	长安窦明府后亭	顾况	727～815
	虔州后亭送李判官使赴晋绛	岑参	715～770
寒亭 1	寒亭留客	白居易	772～846
游亭 2	北山游亭	戴叔伦	732～789
	河中陪帅游亭	温庭筠	812～870？
文秀亭 1	奉和翁文尧员外文秀光贤昼锦三首	黄滔	

表 2 《洛阳名园记》里记载的园林建筑要素

以下的项目中，《洛阳名园记》中有记录的用符号"○"表示。建筑物有一座以上者，均以数字表示。

园　名	山石	水池	建　筑　物						植　物		
			亭	榭	台	堂	桥	楼阁	花	竹	树木
富郑公园	○	○	8		3	3	1		○	○	○
董氏西园	○	○	1		1	3	1		○	○	
董氏东园		○	2			1		1	○		
环溪		○	1	1	2			1			○
刘氏园					1	1		1			○
丛春园	○	○	2				1				○
天王院花园子									○		
归仁园			1						○		○
苗帅园		○	2			1	1		○		○
赵韩王院		○	1	1					○		○
李氏仁丰园			5								○
松岛		○	2	1	1	1				○	○
东园		○				2					
紫金台张氏园		○	4							○	○
水北胡氏园		○	1	1	1				○		
大字寺园		○			1				○		
独乐园		○	1		1				○		
湖园		○	2		1	3		2	○	○	○
吕文穆园		○	3			1					○

表 3 :《吴兴园林记》中所记的园林建筑要素

园　　名	亭	堂、院	台榭	桥	楼阁（轩）
南沈尚书园		聚芝堂 藏书堂			
北沈尚书园	溪山亭	灵寿书院 怡老堂	对湖台		
章参政嘉林园		嘉林堂 怀苏书院			
牟端明园	芳菲二亭 荼蘼双杏亭	元祐学堂			硕果轩 浮舫斋
赵府北园	东风第一梅等亭	东浦书院			薰风池阁
丁氏园	亭宇甚多 极目亭			画桥	
程氏园		至遊堂 鸥鹭堂			
丁氏西园	茅亭				
赵氏南园					崇楼
李氏南园					怀岷阁
王氏园	三角亭	南山堂			
赵氏园		善庆堂			
赵氏清华园		清华堂			
赵氏小隐园	流杯亭				
赵氏苏湾园	雄跨亭				
倪氏玉湖园					藏书楼
韩氏园		读书堂			
叶氏石林	岩居、真意、知止等亭	承诏、求志、从好等堂		极空桥	静乐庵 爱日轩 跻云轩 怡云庵
钱氏园		石居堂			
程氏园					藏书数万卷作楼贮之
孟氏园	明楼亭宇				

草堂

古代把乡间的屋子称为庐。据《东观汉记》记载，武威太守李恂免官以后，没有田产，于是就到山泽中建草庐而居 [1]。另外，诸葛亮的《出师表》云："先帝不以臣卑鄙，猥自枉屈，三顾臣于草庐之中，咨臣以当世之事。" [2] 可见草庐是指农村（相对于城市而言）的住宅，从某种意义上来说，又是一种贫穷生活的象征。陶潜辞官以后，回归乡村，过着简朴的生活，也是造草屋而居。他的《归田园居》诗中写道："开荒南亩际，守拙归园田。方宅十余亩，草屋八九间。榆柳荫后檐，桃李罗堂前。" [3]

魏晋南北朝时代，贵族们也常常在风景秀丽的地方建造草庐，作为短期出游的居住地。在那里游山玩水，吟诗作赋。这样的生活方式较为流行，实际上是贵族们奢侈生活的一部分。于是，庐的意味也就开始变化了，不是贫穷的生活，而是富有文人气味，悠然闲适生活的象征。唐代以后，文人们也时常建造别庄，时不时去别庄居住，以消解在严酷的政治斗争中的紧张感，或者改变一下长期在都市生活的单调感。在别庄建立的屋子，一般都是与自然风景协调的草庐。王维的辋川别业、白居易的庐山草堂、司空图的中条山山庄都是当时有名的。王维还画出了《辋川图》，把文人生活的草堂用绘画的形式表现出来。唐代以后的山水画中也常常画出类似草庐一样的建筑，这些草屋大约不是真正的农民们的住宅，恐怕更多的是文人生活的反映。

园石

爱好石头的文人很多。白居易《三年为刺史》的诗中写道："三年为刺史，饮冰复食檗。唯向天竺山，取得两片石。此抵有千金，无乃伤清白。" [4] 白居易在杭州做了三年的刺史（821～824年），别的没有得到什么，唯独对于从天竺山得到的两块石头十分珍爱。在他的《洛下

---

① 《太平御览》卷一八一，居处部九，庐："李恂为武威太守，后坐事免。无田宅财产，居山泽，结草为庐。"（中华书局，1960年，第883页）

② 诸葛亮《出师表》，《三国志·蜀书·诸葛亮传》，中华书局点校本，1959年，第920页。

③ 《陶渊明集校笺》卷二，中华书局，2003年。

④ 《白居易集》卷八，中华书局，1979年，第161页。

卜居》的诗中也写了他搬家至洛阳时，仅带了心爱的两块石头和一只鹤①。其后又有《双石》的诗，写他的石头②。

唐代的贵族和文人们对石的喜爱成了一种时尚。如牛僧孺收集大量的奇石，在当时就十分有名。诗人白居易在《太湖石记》中就专门记述了此事。为什么太湖石有这样大的吸引力呢？白居易写道："三山五岳，百洞千壑，观缕簇缩、尽在其中。百仞一拳、千里一瞬，坐而得之。"③也就是说，这些太湖石仿佛是微缩景观一样，从中可以看出三山五岳等名山。这样在家就可以"坐游"天下名胜了。

宋代画家米芾也是以爱石而出名，曾有米芾拜石的传说④。另外宋代的杜季扬在《云林石谱》中记载了各种各样的石头⑤，主要以地区分类述石，如青州石、临安石、江华石等名目。也有的以石的特征和形状来命名。全书共记载了110种石，可以说是最早的石鉴赏全集，说明宋代文人们是如何的爱石。其后各时代都有介绍和欣赏石的《石谱》之类的书。有关中国古代园林建筑的经典著作，明代计成的《园冶》一书中专门列了"选石"章⑥，其中列出太湖石、昆山石、宜兴石、龙潭石、青龙山石等16种石。说明在园林建筑中，石也具有相当重要的作用。而这些用以观赏的石，通常称作"园石"。

对于古代园林来说，石起着重要的作用。从某种意义上来说，没有石，也就谈不上园林了。宋徽宗曾营造了十分奢侈的皇家园林——艮岳，特意从很远的地方用船载大量的太湖石来。这里就不仅是对石的欣赏，而且用这些奇石造出了很大的假山。在这种风气的影响下，宋代以后的园林，不仅要有奇花异木等植物，以及各类建筑，而且石的收集和配置，也是一个重要的特色。

---

① 白居易《洛下卜居》："三年典郡归，所得非金帛。天竺石两片，华亭鹤一只。"《白居易集》卷第八，中华书局，1979年，第162页。
② 《双石》，《白居易集》卷二一，中华书局，1979年。
③ 白居易《太湖石记》，《白居易集》外集卷下，中华书局，1979年。
④ 《宋史·文苑传六》："无为州治有巨石，状奇丑。芾见大喜曰：此足以当吾拜。具衣冠拜之，呼为石兄。"（《宋史》，中华书局点校本，1977年，第13124页）
⑤ 杜季扬《云林石谱》，《说郛三种》，第294～304页，上海古籍出版社，1988年。
⑥ 计成《园冶》，渡边书店，1960年。

三　唐宋时代园林中亭、草堂、园石的作用

古代的园林大体上分为两个体系，一个是皇帝或皇族的园囿，一个是贵族的私家园林。

皇帝、皇族的园囿

据说早在殷周时代，天子就已经营造了园林。到了秦汉时代，史书开始有了明确的记载。其特征就是占地非常宽广，包括山丘和森林，其间还有猛兽，皇帝可以在里面狩猎。史载秦始皇最初营建了上林苑，后来，汉武帝继续营建，完善了这个东起兰田，西达长杨，广三百余里的园囿。其中的离宫就有 70 处。当时的辞赋家司马相如的《上林赋》就详细描写了上林苑的景观而广为人知。

其后各时代皇帝常常营造御园。宋代徽宗皇帝不仅酷爱绘画，而且喜爱园林，政和七年营建了大规模的艮岳，还自作《艮岳记》详细描写艮岳的景色。艮岳是以山岳为中心包括池、瀑等景，以及奇花异树等树林的大型园林，其中还有大量的亭、阁、堂、榭等建筑。《宋史·地理志》称艮岳是"穷极巧妙"[①]。但这个园囿已没有汉代那种驰骋骑射的功能，而纯粹是作为观赏游玩的园林了。宋代以后的各朝皇帝也相继营建豪华的御园。现存的承德避暑山庄及北京的颐和园等都是清朝皇帝的御园。

贵族，特别是文人的园

与皇帝的园不同，贵族们的园虽说也有夸示权力的成份，但更多地体现出对自然的爱好，以及在自然中生活的愿望。春秋战国时代，已经出现了以老子、庄子为代表的回归自然的思想。魏晋南北朝时代，在山水诗、山水画兴起的同时，贵族文人们也开始了园林的营造，园林中体现出再现自然风景，回归自然的愿望。唐代以前的文献中关于文人的园林、别业等的记载十分简略，其详情不太清楚。唐代以后，如王维、白居易等文人所造的园都有文章详细作了记录。

---

① 《宋史·地理志》，中华书局点校本，1977 年，第 2101 页。

王维晚年得宋之问的蓝田别墅，这个别墅地处辋口，以辋川水环绕，又在其间造了竹洲、桃花坞等。王维与友人裴迪乘船往来，整日弹琴作诗，过着十分闲适的生活①。在王维的《辋川集》序中，记载了他的别墅里有孟城坳、华子冈、鹿柴、竹里馆、辛夷坞等 20 个风景优美的地方。

另一位大诗人白居易则喜爱庐山香炉峰的林木、泉石，于是在那里造了草堂②。而且还作了《庐山草堂记》来记述当时建立的情况。其中写道：

> 明年春，草堂成。三间两柱，二室四牖，广袤丰杀，一称心力。洞北户，来阴风，防徂暑也。敞南甍，纳阳日，虞祁寒也。木斫而已，不加丹。墙圬而已，不加白。砌阶用石，幂窗用纸，竹帘苎帏，率称是焉。堂中设木榻四、素屏二、漆琴一张、儒道佛书各三两卷。

从中可见白居易的草堂极其简素，没有什么豪华的装饰物，反映了文人们回归于山水自然的思想境界。此外，司空图的别墅在唐代也较有名。

虽说别墅之类的园林一个重要的目的是要回归自然，但要让人能居住，也是一个重要的因素。唐代的园林建筑中通常包括堂（馆）、亭、桥等。如王维别业中的文杏馆、临湖亭、竹里馆等名目中就可以看出堂（馆）与亭的存在。白居易的草堂，则是以草堂为中心的建筑。据白居易的《池上篇》：在池上这个园林中有"十亩之宅，五亩之园。有水一池，有竹千竿。……有堂有亭，有桥有船，有书有酒，有歌有弦"③。可见文人们营造的园林中，一般没有大规模的建筑群，堂、亭、桥等要素则是常见的。

到了宋代，造园活动更加发达。园林的面积比不上唐代那样宽广，但作为园林艺术的设计则更加成熟了。特别是建筑物的种类多了起来。但堂和亭依然是很受重视的建筑。宋代李格非的《洛阳名园记》记载了

① 《旧唐书·文苑传》：（王维）得宋之问蓝田别墅，在辋口，辋水周于舍下，别涨竹洲花坞，与道友裴迪浮舟往来，弹琴赋诗，啸咏终日。（中华书局点校本，1975 年）
② 《旧唐书·白居易传》：立隐舍于庐山遗爱寺，尝与人书言之曰：予去年秋始游庐山，到东西二间香炉峰下，见云木泉石，胜绝第一。爱不能舍，因立草堂。（中华书局点校本，1975 年，第 4345 页）
③ 白居易《池上篇》，《旧唐书·白居易传》，中华书局点校本，1975 年，第 4355 页。

当时贵族们的园林 19 处 [①]。从表 2 的统计可以看出宋代园林中建筑的种类丰富程度。19 家园林中，明确记录了亭的就有 16 家，表明亭在园林建筑中又占着十分重要的地位。从亭在园中的位置来看，大体有三种：

1. 高亭，在地势较高的地方建的亭

董氏西园   池南有堂面高亭

从春园   高亭有先春亭

湖园   自竹径望之超然、登之倏然者，环翠亭也。

2. 水边之亭   宋代的园林中假山较少，而池塘较多，池边往往造亭。

环谿   华亭者，南临池谿。

苗帅园   文潞公、程丞相宅旁皆有池亭。

松岛   东有池，池前后有亭临之。

湖园   截然出于湖之右者，迎晖亭也。

吕文穆园   有亭三，一在池中，二在池外。

3. 树林、竹林中的亭

富郑公园   四洞之北有亭五，错列竹中，曰丛玉，曰披风，曰漪风，曰夹竹，曰兼山。

苗帅园   其北竹万余竿，……今架亭其南。

从以上的资料看出宋代都市里的园林中，亭成了一种十分普遍的建筑物。不论是山丘的高处，林中或水边都可以作亭，把周围的景色尽收眼底。与友人畅饮对谈，吟诗作画，亭就是十分适当的地方。可以说园林中亭已成了不可缺少的要素。

南宋周密的《吴兴园林记》记载了南宋时期吴兴一地的园林 [②]。从表 3 的统计可以看出，南宋时代的吴兴园林中，亭的出现并不是很多，而堂（特别是藏书堂）则十分重视，这表现了当时士大夫文人们对于读书的重视。对学问的看重大约是受了以朱熹为代表的儒学思想的影响吧，这也同样是当时文人意识的一个侧面。

另外，《吴兴园林记》记载了南沈尚书园"池南竖太湖三大石，各高数丈，秀润奇峭，有名于时"。此外，关于石没有更多的记录。大约在当时，石作为园林要素已成了一般的认识，没有必要再作特别记录了。

---

①   李格非《洛阳名园记》，《说郛》第三册，卷二六，商务印书馆（台湾），1973 年。
②   周密《吴兴园林记》，《说郛三种》，第 3179 ~ 3186 页。上海古籍出版社，1988 年。

四　美术作品中所见的园林要素

亭

至少在唐代的美术品中已经可以看到对亭的表现了。如日本法隆寺所藏一件唐代伯牙弹琴镜，中央表现的是一个六角亭（图141）。两侧各有竹林，下部的水池边表现一人弹琴，一人静听的情景。这样的场景令人想起六朝时代的竹林七贤，充满了文人情趣的生活场面。

在西安附近出土的陶器住宅模型中，也有八角亭、四方亭及假山等。另外，在铜川市出土的唐代住宅模型中，也出现了四方亭（图142）。从中可见在唐代的一般宅院中，亭与假山也是较为常见的。

图141　伯牙弹琴镜　唐（奈良　法隆寺　藏）

在敦煌唐代壁画中，多有类似六角或八角亭的建筑。有墙壁，但窗户很大。大多出现在经变中，建于高台之上，如果把经变中的建筑理解为当时寺院的写照的话，这些类似亭的建筑应属于藏经阁③，可能称

---

③　萧默《敦煌建筑研究》，文物出版社，1987年。

230

图 142　唐代亭的模型　（陕西历史博物馆　藏）

为阁更合适。但是在表现与经变相关的故事画的场面——庭院住宅中，也能看到六角或八角亭的形象（图 143）。

　　从五代以后到两宋时期的山水画作品中，亭也成了景物中的重要组成部分，通过对台北故宫博物院所藏五代北宋绘画中亭的调查，大体上得知亭的流行情况，以及亭的造型发展（表 4）。五代北宋之际，绘画作品中还出现了歇山顶式的亭，但北宋以后更多地流行的是四方形或多角形的亭。如郭熙的《早春图》右侧山脚画有一亭（图 144），平面为四方形，屋檐为草檐。在亭的下部有台，四周有栏。榆林窟第 3 窟的普贤变中央部的一座亭与此相似，被称为盝形顶①。宋人《山水图轴》中也有两处表现了这样的亭（图 145）。

　　江参的《千里江山图》中也画出了一亭，一人策杖向亭而来。这个亭可以看出四根柱子，可知为四方形。周围也有栏杆。这样的四方亭

　　　　① 孙儒僩、孙毅华《敦煌石窟全集·建筑画卷》，商务印书馆（香港），2001 年。

图 143　莫高窟第 231 窟　壁画中的六角亭　中唐

图 144　郭熙《早春图》中的亭　北宋（台北故宫博物院　藏）

图145　宋人《山水图轴》中的亭与草堂（台北故宫博物院　藏）

直到元代的山水画中都可以看到。形状基本没有变。只是顶部有瓦与草之分。南宋以后的绘画中描绘的亭大多栋木较直。北宋的绘画往往画得较仔细，亭的构造及周围的栏杆都详细地表现出来，而南宋以后画得十分简略，大多没有画栏杆。如马远、夏圭的画中，亭的构造表现得不明确，也多不画栏杆（图146）。所以从榆林窟第三窟壁画的亭来看，应属于北宋的样式。

草堂（茅屋、山庄）

山水画中描绘出草堂等建筑，常给人一种社会生活的现实感。隋唐时代的山水画作品中往往表现出类似山庄那样的屋子。如传为展子虔的《游春图》或传为李思训的《江帆楼阁图》等都画有宅院一样的建筑①。隋唐时代的山庄往往以俯瞰的角度来描绘，可以看出建筑物全体的构成，而宋代以后的绘画中，视点相对较低，有时仅能看到建筑物的一部分。而且往往利用山石树木把建筑物一部分遮住。唐代的山庄屋顶

---

①　傅熹年认为这两幅作品都为宋人临摹，但其样式还是唐人的。（傅熹年《关于展子虔"游春图"年代的探讨》，《文物》1978 年第 11 期。）

图 146　夏珪《长江万里图》中的亭　南宋　（台北故宫博物院　藏）

多瓦，而五代北宋以后，如荆浩的《匡庐图》、巨然的《秋山问道图》、
许道宁的《雪溪渔父图》等画中，表现出的宅院建筑多为草堂。朴素的
住居，反映的是文人的淡泊思想。如巨然的《秋山问道图》中描绘的草
堂（图 147）。几间屋子全部都为草屋，屋外有竹垣。与亭的表现一样，
北宋绘画中描绘的草堂都十分细腻，而北宋末到南宋以后，由于重视笔
法，对建筑结构的表现十分简略。

　　值得注意的是台北故宫博物院所藏的一件宋人《山水图轴》，这幅
画的作者不知为谁，清乾隆皇帝在其上题诗，其中写道："知为北宋近
乎唐。"① 从全体山水的配置、树木的表现等方面来看，有明显的北宋特
征。在水边及山谷中绘出了山庄（图 148），山庄的左侧一半被山岩遮
住，右侧可见院落及竹篱，这样的宅院构成与榆林窟第 3 窟普贤变中
的山庄（图 139）十分相似，只是《山水图轴》中的房屋为瓦房，而榆
林窟的为草房。在《山水图轴》中央部也画出山庄旁边有一座亭（图
145），这样的组合与榆林窟第 3 窟的壁画中也比较一致（图 137）。从
这些共通点来看，榆林窟第 3 窟壁画与《山水图轴》所表现的建筑都应
是北宋的传统样式。

---

①　《（台北）故宫藏画大系》（二），图版 075，台北故宫博物院，1994 年。

图 147　巨然《秋山问道图》中的草堂　五代（台北故宫博物院　藏）

图 148　宋人《山水图轴》中的草堂
（台北故宫博物院　藏）

园石

单独描绘石的画作在唐代就很流行。《历代名画记》中把树石与山水并列，并记载了擅长于画石的一些画家。其中如"树石之状，妙于韦鹏，穷于张通"。另外还有一个叫吴恬的画家，"好为顽石，气象深险"。很多唐墓出土的壁画中，也可以看到表现石的作例。如山西省太原市金胜村的墓室壁画中，表现树下老人图，在老人的旁边就以石作景[①]。另外如西安附近的一座唐墓中，墓室东壁中央表现舞乐场面，其两侧分别表现石和花树[②]。这样的石，可以肯定是作为观赏的园石来表现的。

传为五代孙位的《竹林七贤图》中，在七人的旁边分别描绘出石头。表现竹林七贤这一主题的美术作品，最早可以找到南京附近出土的南朝画像砖《竹林七贤图》，但在画像砖中没有描绘石，仅在人物旁边表现出树木来。在五代的画中，则把石作为一个重要的背景而加以表现，说明唐代以后，随着园林艺术的发展，园石成了文人生活中十分普遍的玩赏之物，于是作者所想象的竹林七贤这样的文人，也就自然地以石作为背景表现出来了。同为五代的赵嵒的《八达春游图》也在画面的中心部分绘出一个较大的太湖石（图149），显示出园林的特征。此外，北宋赵昌的《岁朝图》也是表现花与石的主题的。在绿荫丛中，表现出一个黑色的太湖石，十分引人注目。宋代以后，花鸟画中表现石的已很普遍。在当时的生活，像太湖石之类的观赏石，在普通人的庭院中也可见到了。北宋苏汉臣《秋庭戏婴图》表现两个小孩在院子里游戏的情景，其中背景就有一个很大的石头，如一棵大树般立在后面（图150）。另外湖南博物院所藏的南宋青铜镜中，表现在院子里蹴鞠的场面，其后也可见在院墙前面有一个很大的太湖石（图151）。宋代以来以石为主题的绘画作品也是很多的，如宋徽宗的《祥龙石图》，苏东坡的《枯木怪石图》等。

---

① 山西省文物管理委员会《太原南郊金胜村唐墓》，《考古》1959年第9期。
② 陕西省考古研究所《西安西郊陕棉十厂唐壁画墓清理简报》，《考古与文物》2002年第1期。

图 149　赵岊《八达春游图》（局部）　北宋　（台北故宫博物院　藏）

图 150　苏汉臣《秋庭戏婴图》　南宋　（台北故宫博物院　藏）

图 151　蹴鞠青铜镜　南宋　（湖南博物院　藏）

　　在榆林窟第 2 窟（西夏）西壁门两侧表现水月观音的画面中，作为背景也分别画出了太湖石（图 134）。不仅榆林窟如此，敦煌附近的五个庙石窟第 1 窟（西夏）壁画水月观音图也画出了作为背景的太湖石。这些都明显地是具有观赏性的太湖石，反映了宋代以来对石的喜爱和观赏这一风气的流行情况。

五　小结

　　佛教美术是以表现佛教内容为中心的。中国最初学习传自印度或中亚的佛教美术。在北朝早期，如敦煌石窟、河西地区石窟中，外来的影响比较强烈。南北朝晚期到隋唐以后，中国传统的因素逐渐进入了佛教艺术之中，特别是唐代的壁画中表现了大规模的中国式宫殿建筑，以此来象征佛教的净土世界，这样形成了中国式的佛教艺术。不仅如此，中国传统思想的很多方面都逐渐地进入了佛教的美术中，特别是与中国文人意识相关的形象，也在佛教艺术中表现了出来，加深了佛教艺术的中国化。

五代北宋以来，由于文人们的园林生活的发展，亭、草堂等建筑以及园石等观赏物开始大量在绘画中表现出来，特别是在山水画中出现，成为了流行的倾向。这表明了上述园林因素已成为了绘画中的一种风景要素。不过在佛教壁画中，这样的风景要素则出现较晚，在宋代以前的敦煌壁画中还很少表现亭和草堂。所以榆林窟第3窟的文殊变和普贤变壁画中表现出充满文人意识的亭、草堂和园石，这是极为珍贵的作例，它反映了两宋山水画的影响。

表4　五代、两宋名画中描绘的亭

说明：1）著录一栏中，A表示《故宫书画图录》（台北故宫博物院，1990年）。B表示《故宫藏画大系》（台北故宫博物院，1994年）。C表示《中国绘画全集》（浙江人民美术出版社·文物出版社，1999年）。

2）A、B、C后的数字表示卷数和页码或图版号

3）A、B的作品为台北故宫博物院所藏。C的作品分别于注中说明。

作者		作品	著录	场所	形	屋顶	台	栏杆
巨然	五代	雪图	A1−89	山中	歇山顶	瓦	○	○
巨然	五代	囊琴怀鹤	A1−101	水上	歇山顶	瓦		○
黄筌	五代	勘书图	A1−117		四角攒尖顶	草	○	○
李成	北宋	群峰霁雪	A1−143	山中	四角攒尖顶			
李成	北宋	秋山萧寺	A1−151	水上	歇山顶	草		
李成	北宋	秋山渔艇	A1−153	山中	四角攒尖顶			
许道宁	北宋	关山密雪图	A1−187	山顶	六角形攒尖	草	○	
许道宁	北宋	雪景	A1−193	岩上	四角攒尖顶	草		○
许道宁	北宋	渔父图〔1〕	C2−67	水边	四角攒尖顶	瓦		
燕肃	北宋	寒岩积雪	A1−209	水边	四角攒尖顶	草	○	
燕文贵	北宋	江山楼观图〔2〕	C2−72	山中	四角攒尖顶	草	○	○

赵佶	北宋	雪江归棹图〔3〕	C2-104	林中	四角攒尖顶	草		
王希孟	北宋	千里江山图〔4〕	C2-139	水边	四角攒尖顶	瓦		
张择端	北宋	清明上河图〔5〕	C2-143	城内	四角攒尖顶			
刘永年	北宋	商岩熙乐	A1-211	山顶	四角攒尖顶	草		
郭熙	北宋	早春图	A1-213	山中	四角攒尖顶	草	○	○
郭熙	北宋	山庄高逸	A1-219	水边	四角攒尖顶	草		
郭熙	北宋	秋山行旅图	A1-221	水边	四角攒尖顶	草		
郭熙	北宋	雪山行旅图	A1-223	水边	四角攒尖顶			
郭熙	北宋	溪山秋霁图〔6〕		水边	四角攒尖顶			○
郭熙	北宋	树色平远图卷〔7〕	C2-79	山丘	四角攒尖顶		○	
郭熙	北宋	山邨图〔8〕	C3-15	水边	四角攒尖顶	草	○	○
勾龙爽	北宋	山水	A1-261	水边	四角攒尖顶	草		○
李公麟	北宋	仙山楼阁	A1-271	水边	歇山顶	瓦		
米芾	北宋	春山瑞松	A1-281	山中	四角攒尖顶			
无款	金	溪山无尽图〔9〕	C3-66	水边	四角攒尖顶	草	○	○
马和之	南宋	荷亭纳爽	A2-27	水边	歇山顶	草		
马和之	南宋	孝经图	B1-147		悬山顶			
江参	南宋	模范宽庐山图	A2-93	山中	四角攒尖顶	木	○	
江参	南宋	千里江山图	B1-054	山中	四角攒尖顶	草		○
王诜	南宋	瀛山图	B1-036	水边	四角攒尖顶	草		
刘松年	南宋	溪亭客话	A2-113	水边	歇山顶	瓦	○	
刘松年	南宋	四景山水图〔10〕	C-4-28	水上	歇山顶	瓦		
马远	南宋	举杯玩月	A2-149	山中	四角攒尖顶	草	○	
马远	南宋	月夜拨阮	A2-151	水边	四角攒尖顶	草	○	○
马远	南宋	雪景	A2-167	山中	四角攒尖顶	瓦		
马远	南宋	寒岩积雪	A2-177	水边	歇山顶	草		○
夏珪	南宋	长江万里图	B2-062	水边	四角攒尖顶	草		
夏珪	南宋	溪山清远图	B2-063	山顶	四角攒尖顶	?		

赵黻	南宋	长江万里图〔11〕	C4-101	山顶	四角攒尖顶	草	○	
马麟	南宋	松林亭子图〔12〕	C4-113	水边	歇山顶	瓦		
何筌	南宋	草堂客话图〔13〕	C4-126	水边	歇山顶	草	○	
朱惟德	南宋	江亭揽胜图〔14〕	C4-139	水边	四角攒尖顶	?		○
无款	宋	仿张僧山水	A2-279	水边	四角攒尖顶	草		
无款	宋	松岩仙馆	A2-291	山中	四角攒尖顶	草	○	○
无款	宋	上林瑞雪	A2-295		四角攒尖顶	瓦		
无款	宋	松亭抚琴	A2-309	岩上	四角攒尖顶	草		
无款	宋	水亭琴兴	A2-311	水边	歇山顶	瓦		○
无款	宋	山水	A3-5	水边	四角攒尖顶	草		○
无款	宋	琼台仙侣	A3-39	水边	四角攒尖顶	瓦		○
无款	宋	布画山水	A3-171	水边	四角攒尖顶	瓦		○
无款	宋	闸口盘车图〔15〕	C3-12	水边	四角攒尖顶	草		○
无款	宋	十咏图〔16〕	C3-22	水边	四角攒尖顶	瓦		○
无款	宋	秋山红树图〔17〕	C5-33	山中	四角攒尖顶	草		
无款	宋	会昌九老图〔18〕	C5-51	水边	四角攒尖顶	草	○	○
无款	宋	携琴闲步〔19〕	C6-4	山中	四角攒尖顶	?		○
无款	宋	长桥卧波〔20〕	C6-9	水边	四角攒尖顶	瓦		
无款	宋	遥岑烟霭〔21〕	C6-12	水边	歇山顶	?		○
无款	宋	水阁风凉图〔22〕	C6-37	水边	四角攒尖顶	草		○
无款	宋	木末孤亭图〔23〕	C6-37	岩上	四角攒尖顶	瓦		○
无款	宋	松林亭子图〔24〕	C6-51	山中	四角攒尖顶	?	○	
无款	宋	江亭晚眺图〔25〕	C6-57	水边	四角攒尖顶	?		○

注：

〔1〕美国纳尔逊美术馆。

〔2〕日本大阪市立美术馆。

〔3〕〔4〕〔5〕〔10〕〔11〕〔13〕〔16〕〔17〕〔18〕〔20〕〔21〕〔22〕〔23〕故宫博物院。

〔6〕美国弗里昂美术馆（《世界美术大全集·东洋编》，《五代北宋辽西夏卷》著录）。

〔7〕美国纽约，大都会美术馆。

〔8〕南京大学历史系。

〔9〕克里夫兰美术馆。

〔12〕佛山市博物馆。

〔14〕〔25〕辽宁省博物馆。

〔15〕〔19〕上海博物馆。

〔24〕 河北省博物馆。

参考文献

（以下文献的排列顺序为：一、全集、图录；二、著作；三、论文。其中中文按汉语拼音为序，日文以五十音顺。）

一　美术全集·图录：

1—A　中文

《故宫藏画大系》第一卷，台北故宫博物院，1993年

《故宫藏画大系》第二卷，台北故宫博物院，1993年

《陕西新出土唐墓壁画》，重庆出版社，1998年

《唐李贤墓壁画》，文物出版社，1974年

《唐李重润墓壁画》，文物出版社，1974年

《中国美术全集·绘画编2·隋唐五代绘画》，文物出版社，1988年

《中国美术全集·绘画编3·两宋绘画上》，文物出版社，1988年

《中国美术全集·绘画编13·寺观壁画》，文物出版社，1988年

《中国美术全集·园林建筑》，中国建筑工业出版社，1988年

《中国美术全集·墓室壁画》，文物出版社，1988年

《中国美术全集·绘画编·敦煌壁画》（上、下），上海美术出版社，1987年

《中国美术全集·雕塑编·魏晋南北朝雕塑》，人民美术出版社，1988年

《中国壁画全集·敦煌·5》，辽宁美术出版社，1989年

《中国壁画全集·敦煌·6》，天津人民美术出版社，1989年

《中国石窟·敦煌莫高窟》（第1～5卷），文物出版社，1982～1987年

《中国石窟・克孜尔石窟》（1～3卷），文物出版社，1989～1997年

《中国石窟・安西榆林窟》，文物出版社，1997年

1—B　日文

《原色日本の美術》第4巻・正倉院，小学館，1968年

《正倉院展》（平成六年図録），奈良国立博物館，1996年

《正倉院展》（平成十年図録），奈良国立博物館，1998年

《正倉院展》（平成十一年図録），奈良国立博物館，1999年

《正倉院の絵畫》，日本経済新聞社，1968年

《水墨美術大系》第1巻，講談社，1975年

《隋唐の美術》（大阪市立美術館編），平凡社，1978年

《西域美術（大英博物館スタイン・コレクション)》第1～3巻，講談社，1982年

《西域美術（ギメ美術館ペリオ・コレクション)》第1～2巻，講談社，1994年

《世界美術大全集・東洋編》3（三国魏晋南北朝巻），小学館，2000年

《世界美術大全集・東洋編》4（隋唐巻），小学館，1997年

《世界美術大全集・東洋編》5（五代北宋巻）小学館，1998年

《世界美術大全集・東洋編・中央アジア》，小学館，1999年

《中国国宝展》図録，朝日新聞社，2000年

《中国敦煌壁画展》，毎日新聞社，1981年

《中国文明展》，NHK，2000年

《日本美術全集》第5巻・正倉院，学習研究社，1978年

《仏教説話の美術》，奈良国立博物館編，思文閣，1996年

二　著作：

2—A　中文

敦煌文物研究所《敦煌莫高窟内容总录》，文物出版社，1982年

敦煌文物研究所《敦煌莫高窟供养人题记》，文物出版社，1986年

敦煌文物研究所《敦煌研究文集》，甘肃人民出版社，1982年

敦煌文物研究所《1983年全国敦煌学讨论会文集・石窟・艺术编

（上）》，甘肃人民出版社，1985 年

敦煌文物研究所《1983 年全国敦煌学讨论会文集·石窟·艺术编（下）》，甘肃人民出版社，1987 年

敦煌研究院《1987 年敦煌石窟研究国际讨论会文集·石窟艺术编》，辽宁美术出版社，1990 年

敦煌研究院《1990 年敦煌学国际研讨会文集》，辽宁美术出版社，1995 年

敦煌研究院《2000 年敦煌学国际学术讨论会文集》，甘肃民族出版社，2003 年

敦煌研究院《段文杰敦煌研究五十年纪念文集》，世界图书出版公司，1996 年

河北省文物研究所、保定市文物管理处《五代王处直墓》，文物出版社，1998 年

贺世哲《敦煌石窟全集·7·法华经画卷》，商务印书馆（香港），1999 年

姜亮夫《莫高窟年表》，上海古籍出版社，1985 年

姜伯勤《敦煌艺术宗教与礼乐文明》，中国社会科学出版社，1996 年

李霖灿《中国名画研究》，艺文印书馆（台湾），1973 年

李霖灿《中国美术史稿》，雄狮图书股份有限公司（台湾），1989 年

李浴《中国美术史》，辽宁人民美术出版社，1980 年

李淞《陕西古代佛教美术》，陕西人民教育出版社，2000 年

刘志远、刘廷璧《成都万佛寺石刻艺术》，中国古典艺术出版社，1958 年

山西省考古研究所《唐代薛儆墓发掘报告》，科学出版社，2001 年

陕西省考古研究所《远望集——陕西省考古研究所华诞四十周年纪念文集》，陕西人民出版社，1998 年

沈从文《中国古代服饰研究》，商务印书馆（香港），1981 年

施萍亭《敦煌石窟全集·5·阿弥陀经画卷》，商务印书馆（香港），2002 年

宿白《藏传佛教寺院考古》，文物出版社，1996 年

宿白《中国石窟寺研究》，文物出版社，1996 年

王伯敏《中国绘画史》，上海人民美术出版社，1982 年

王伯敏《敦煌壁画山水研究》，浙江人民美术出版社，2000 年

向达《唐代长安与西域文明》，三联书店，1957 年

萧默《敦煌建筑研究》，文物出版社，1987 年

杨仁恺 主编《中国书画》，上海古籍出版社，1990 年

余嘉锡《世说新语笺疏》，中华书局，1983 年

张家骥《中国造园史》，黑龙江人民出版社，1986 年

赵声良《敦煌石窟全集·18·山水画卷》，商务印书馆（香港），2002 年

2 — B　英文、日文

Albert Grunwedel: *Altbuddhistische Kultstatten in Chinesisch-Turkistan Berlin* 1912. Druck und verlag von georg reimer.

Anil de Silva: *Chinese Landscape Painting*，London，1964

LOST EMPIRE OF THE SILK ROAD Buddhist Art from Khara Khoto （Ⅹ ~ ⅩⅢ *th Century*），Fonzadione Thyssen-Bornemisza Villa Favorita, Lugano, 1993.

Michael Sullivan: The Birth of Landscape Painting in China□Berkeley and Los Angeles: University of California Press，1962.（日本語版《中国山水畫の誕生》，中野美代子、杉野目康子訳，青土社，1995 年）

大村西崖《支那美術史 彫塑篇》，東京仏書刊行会図像部，1915 年

王　瑶《中国の文人》（日本語訳，石川忠久等），大修館書店，1991 年

栗田 功《ガンダーラー美術 Ⅰ·仏伝》，二玄社，1988 年

小杉一雄《中国文様史の研究》，新樹社，1959 年

小山清男《遠近法》，朝日新聞社，1998 年

《国際交流美術史研究会第二回シンポジウム·アジアにおける山水表現について》，国際交流美術史研究会，1983 年

佐野みどり《風流　造形　物語》，スカイドア，1997 年

下店静市《下店静市著作集》第 6 巻，講談社，1985 年

鈴木敬《中国絵画史》，吉川弘文館，1986 年

《智光曼荼羅》，元興寺仏教民俗資料刊行会，1969 年

辻　茂《遠近法の誕生》，朝日新聞社，1995 年

高田 修《仏像の起源》，岩波書店，1967 年

高田 修《仏像の誕生》，岩波書店，1987 年

高階秀爾《芸術空間の系譜》，鹿島出版会，1967 年

東京芸術大学美術学部《敦煌石窟学術調査（第一次）報告書》，東京芸術大学，1985 年

土居淑子《古代中国の畫像石》，同朋舎，1986 年

中村元《仏教植物散策》，東京書籍，1986 年

長広敏雄《漢代畫像の研究》，中央公論美術出版，1965 年

長広敏雄《中国美術論集》，講談社，1984 年

長広敏雄《六朝時代美術の研究》，美術出版社，1969 年

長広敏雄訳注《歴代名画記》，平凡社，1977 年

西岡直樹《インド花綴り―印度植物誌》，木犀社，1988 年

西上青曜《仏教を彩る女神図典》，朱鷺書房，1995 年

奈良国立博物館編《仏教説話の美術》，思文閣，1996 年

林良一《仏教装飾文様研究（植物文篇）》，同朋舎，1992 年

東山健吾《敦煌三大石窟》，講談社，1996 年

樋口隆康《BAMIYAN》（京都大学中央アジア学術調査報告）第 1 ～ 3 巻，同朋舎，1983 ～ 1984 年

松本栄一《敦煌画の研究　図像篇》，東洋文化学院東京研究所，1937 年

宮治 昭《ガンダーラー 仏の不思議》，講談社，1996 年

宮治 昭《インド美術史》，吉川弘文館，1997 年（第 5 版）

八木春生《雲岡石窟文様論》，法蔵館，2000 年

米澤嘉圃《中国絵画史研究・山水画論》（東京大学東洋文化研究所紀要・別冊），東京大学東洋文化研究所，1960 年

米澤嘉圃《米澤嘉圃美術史論集》（上、下），国華社，1994 年

水野清一《中国の仏教美術》，平凡社，1968 年

目加田誠《新釈漢文大系・世説新語（上、中、下）》，明治書店，1978 年

戸田浩暁《新釈漢文大系・文心雕龍（上、下）》，明治書店，1978 年

杉村勇造《中国の庭》，求龍堂，1967 年

岡大路《支那庭園論》，彰国社，1943 年

満久崇麿《仏典の植物》，八坂書房，1985 年 9 月

三 论文：

3 — A 中文

成都市文物考古研究所《成都市西安路南朝石刻造像清理简报》,《文物》1998 年 11 期

陈清香《西方净土变相的源流和发展》,《佛教艺术》（台北）第 3 期,1987 年 5 月

丁明夷《克孜尔石窟第 110 窟的佛传壁画》,《敦煌研究》1983 年创刊号

段文杰《榆林窟第 25 窟壁画艺术探讨》,《敦煌研究》1987 年第 4 期

樊锦诗、马世长《莫高窟第 290 窟的佛传故事画》,《敦煌研究》1983 年创刊号

傅熹年《关于展子虔"游春图"年代的探讨》,《文物》1978 年第 11 期

傅熹年《论几幅传为李思训画派金碧山水的绘制年代》,《文物》1983 年 11 期

河北省文物研究所、保定市文物管理处、曲阳县文物管理所《河北曲阳五代壁画墓发掘简报》,《文物》1996 年 9 期

贺世哲《敦煌莫高窟的"涅槃经变"》,《敦煌研究》1986 年第 1 期

黄时鉴《中国烧酒的起始与中国蒸馏器》,《文史》第 41 集，中华书局 1996 年 4 月

井增利、王小蒙《富平县新发现的唐墓壁画》,《考古与文物》1997 年 4 期

林柏亭《小景与宋汀渚水鸟画之关系》,《宋代书画册页名品特展》台北故宫博物院，1996 年

罗世平《略论曲阳五代墓山水壁画的美术价值》,《文物》1996 年 9 期

辽宁省博物馆、辽宁铁岭地区文物组发掘小组《法库叶茂台辽墓记略》,《文物》1975 年 12 期

马世长《莫高窟第 323 窟佛教感应故事画》,《敦煌研究》总第 1 期,1981 年

山西省文物管理委员会《太原南郊金胜村唐墓》,《考古》1959 年第 9 期

山西省文物管理委员会《山西大同市元代冯道真、王青墓清理简报》,《文物》1962 年第 10 期

山西省文物管理委员会《太原南郊金胜村唐墓》,《考古》1959 年第 9 期

山西省文物管理委员会《太原市金胜村第六号唐代壁画墓》、《文物》

1959 年 8 期

陕西博物馆、乾县文教局唐墓发掘组《唐章怀太子墓发掘简报》,《文物》1972 年第 7 期

陕西博物馆、乾县文教局唐墓发掘组《唐懿德太子墓发掘简报》,《文物》1972 年第 7 期

陕西考古所唐墓工作组《西安东郊唐苏思勖墓清理简报》,《考古》1960 年 1 期

陕西省考古研究所《西安西郊陕棉十厂唐壁画墓清理简报》,《考古与文物》2002 年 1 期

宿白《西安地区唐墓壁画的配置和内容》,《考古学报》1982 年第 2 期

宿白《青州龙兴寺窖藏所出佛像的几个问题》,《文物》1999 年 10 期

王去非《试谈山水画发展史上的一个问题》,《文物》1980 年第 12 期

王仁波、何修龄、单㫋《陕西唐墓壁画之研究》(上),《文博》1984 年第 1 期

王仁波、何修龄、单㫋《陕西唐墓壁画之研究》(下),《文博》1984 年第 2 期

WuHong(巫鸿)《何谓变相》(郑岩 译),《艺术史研究》第二辑,2000 年

向达《莫高、榆林二窟杂考》,《文物参考资料》第 2 卷第 5 期,1951 年

新疆唯吾尔自治区博物馆《吐鲁番县阿斯塔那——哈拉和卓古墓群发掘简报》,《文物》1973 年第 10 期

徐涛《吕村唐墓壁画与水墨山水的起源》,《文博》2001 年第 2 期

阎文儒《经变的起源种类和反映佛教上宗派关系》,《社会科学战线》(吉林社会科学院)1979 年第 4 期

杨仁恺《叶茂台辽墓出土古画的时代及其他》,《文物》1975 年第 12 期

杨新《胡廷晖作品的发现与〈明皇幸蜀图〉的时代探讨》,《文物》1999 年第 10 期

赵声良《敦煌莫高窟唐代前期山水画试论》,《敦煌研究》1987 年第 3 期

赵声良《敦煌石窟唐代后期山水画》,《敦煌研究》1988 年第 4 期

赵声良《莫高窟第 61 窟五台山图研究》,《敦煌研究》1993 年第 4 期

赵声良《敦煌北朝期故事画的表现形式》,《敦煌研究》1989 年第 4 期

赵声良《中国传统艺术的两大系统》,《新疆艺术》1994 年第 6 期

赵声良《成都南朝浮雕弥勒经变与法华经变考论》,《敦煌研究》2001 年第 1 期

赵青兰《莫高窟吐蕃时期洞窟龛内屏风画研究》,《敦煌研究》1994 年第 3 期

3—B　英文、日文

Susan Bush "Clearing After Snow in The Ming Mountain and Chin Landscape Painting"，Oriental Art .No.3. 1965-11

秋山光和《釈迦霊鷲山説法図》,《日本の仏画》Ⅱ‐3，1978 年第 2 期 6 卷

秋山光和《唐代の敦煌壁画》,《仏教芸術》第 71 期，1969 年

上原和《ガンダーラの弥勒菩薩像をめぐる諸問題》,《仏教芸術》160 号，1985 年

小川裕充《唐宋山水画史におけるイマジネーション》（上）,《国華》第 1034 号，1980 年

小川裕充《唐宋山水画史におけるイマジネーション》（中）,《国華》第 1035 号，1980 年

小川裕充《唐宋山水画史におけるイマジネーション》（下）,《国華》第 1036 号，1980 年

小川裕充《宋元山水画における構成の伝承》,《美術史論叢》，東京大学大学院人文科学研究科，第 13 号，1997 年

小島登茂子《敦煌壁画における北周，隋代の山岳表現》,《美術史》第 131 号，1992 年

古原宏伸《唐人明皇幸蜀図》,《奈良大学紀要》第 23 号，1985 年

鈴木敬《元代李郭派山水画風についての二三の考察》，東京大学《東洋文化研究所紀要》，第 41 冊，1966 年

鈴木敬《〈瀟湘臥遊圖卷〉について》（上），東京大学《東洋文化研究所紀要》第 61 冊，1973 年

鈴木敬《〈瀟湘臥遊圖卷〉について》（下），東京大学《東洋文化研究所紀要》第 79 冊，1979 年

曾布川寛《漢代画像石における昇仙図の系譜》,《東方学報》(京都)第 65 冊, 1993 年

矢代幸雄《法華堂根本曼陀羅》,《美術研究》第 37 号, 1935 年

矢代幸雄《法華堂根本曼陀羅 追記》,《美術研究》第 58 号, 1936 年

田口栄一《絵因果経の源流をたずねて》,《週刊朝日百科・日本の国宝》第 50 号, 1998 年

滝精一《唐朝の墨絵》(上),《国華》第 386 号

滝精一《唐朝の墨絵》(下),《国華》第 387 号

谷信一《宝慶寺石佛に就いて》(上),《国華》第 499 号, 1932 年

谷信一《宝慶寺石佛に就いて》(下),《国華》第 501 号, 1932 年

長広敏雄《長安の寺塔と壁画(隋朝 編)》,《美術史》 2 (1950.9)

中村興二《西方浄土変の研究 (26)》,《日本工芸美術》516 号, 1981・9

中村興二《西方浄土変の研究 (27)》,《日本工芸美術》517 号, 1981・10

東山健吾《敦煌における漢民族文化の伝統と仏教美術について》,《シルクロードと仏教文化》, 東洋哲学研究所, 1979 年

東山健吾《敦煌莫高窟における仏樹下説法図形式の受容とその展開》,《成城大学文芸学部創立三十五周年記念論文集》, 成城大学文芸学部, 1989 年

松本栄一 《正倉院山水図の研究》(一)《国華》第 596 号, 1940 年
　　　　　《正倉院山水図の研究》(二)《国華》第 597 号, 1940 年
　　　　　《正倉院山水図の研究》(三)《国華》第 598 号, 1940 年
　　　　　《正倉院山水図の研究》(四)《国華》第 602 号, 1941 年
　　　　　《正倉院山水図の研究》(五)《国華》第 604 号, 1941 年
　　　　　《正倉院山水図の研究》(六)《国華》第 605 号, 1941 年
　　　　　《正倉院山水図の研究》(七)《国華》第 606 号, 1941 年
　　　　　《正倉院山水図の研究》(八)《国華》第 608 号, 1941 年

松本栄一 《絵因果経私考》(上),《国華》第 648 号, 1944 年
　　　　　《絵因果経私考》(下),《国華》第 649 号, 1946 年

下店静市《唐代皴法の研究》,《南画研究》第 12 巻 2 号, 1943 年

本山路美《宝慶寺石佛群造営事情について》,《美術史研究》, 早稲田大

学美術史学会，第 18 冊，1981

米澤嘉圃《東アジアにおける群像表現》（一），《国華》第 963 号

吉村怜《南朝の法華経普門品変相》，《仏教芸術》第 162 号，1985 年

图版目录

图1 克孜尔石窟第118窟 弥勒说法 与须弥山

图2 云冈石窟第10窟 须弥山 北魏

图3 莫高窟第249窟窟 顶西披 须弥山

图4 成都万佛寺出土南朝须弥山 浮雕 梁(四川博物院 藏)

图5 酒泉丁家闸五号墓壁画 西王母与昆仑山 东晋

图6 莫高窟第251窟 金刚力士与山岳 北魏

图7 莫高窟第249窟 狩猎图与山岳 西魏

图8 金银错狩猎纹铜车饰 西汉(河北博物院 藏)

图9 山岳狩猎画像砖 西汉 (陕西历史博 物馆 藏)

图10 辑安通沟壁画墓 狩猎图 东晋

图11 古代叙利亚雕刻 山 岳 元前645-前640 (大英博物馆 藏)

图12 莫高窟第257窟故事画中 的山势 北魏

图13 莫高窟第257窟西壁 鹿王本生 北魏

255

图 14　莫高窟第 285 窟南壁　五百强盗成佛
　　　故事　西魏

图 15　莫高窟第 428 窟东壁　萨埵本生故事　北周

图 16　莫高窟第 290 窟窟顶　佛传故事　北周

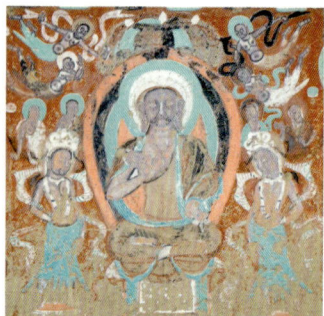

图 17　莫高窟第 272 窟北壁　说法
　　　图中的圣树　北凉

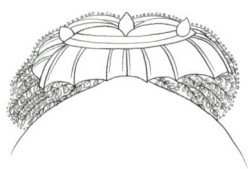

图 18　莫高窟第 272 窟北壁
　　　说法图中的圣树（线
　　　描图）

图 19　莫高窟第 254 窟南壁
　　　降魔变中的圣树　北魏

图 20　莫高窟第 254 窟南壁
　　　降魔变中的圣树（线描图）

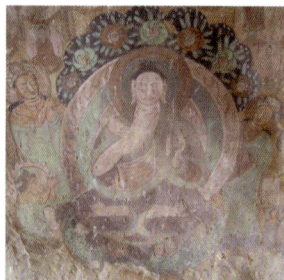

图 21　炳灵寺石窟第 169 窟
　　　华盖式圣树　西秦

图 22　南印度纳嘎伽纳坎达出土浮雕
　　　佛传故事　3 世纪后半叶（纳嘎伽
　　　纳坎达博物馆　藏）

图 23　犍陀罗雕刻　太子树
　　　下观耕　2 — 3 世纪（白沙
　　　瓦博物馆　藏）

图 24　乌孜别克斯坦 Fayaz-tepe
　　　出土的佛像　2－4 世纪
　　　（乌孜别克斯坦博物馆藏）

图 25　吐鲁番奇康湖石窟第 4 窟
　　　圣树（线描图）

图 26　犍陀罗雕刻　芒果园布施

图 27　克孜尔石窟第 38 窟
　　　因缘故事画

图 28　印度山奇大塔第一塔东门雕刻　药
　　　叉女与芒果树　前 1 世纪

图 29　马图拉雕刻　芒果树下的
　　　药叉女

图 30　莫高窟第 285 窟东
　　　壁　说法图中的圣树
　　　西魏

图 31　莫高窟第 285 窟东壁
　　　说法图中的圣树（线描图）

图 32　莫高窟第 428 窟中心柱的
　　　圣树装饰　北周

图 33　粟特人的新年祭
　　　北齐（吉美博物
　　　馆　藏）

图 34　莫高窟第 285 窟
　　　北壁　中原式圣
　　　树（线描图）

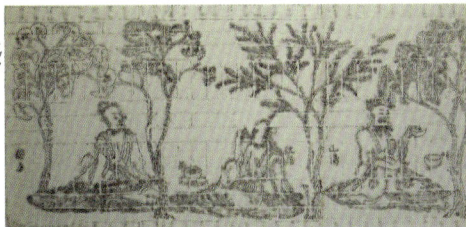

图 35　竹林七贤与荣启期砖画　南朝（南京博
　　　物院　藏）

图 36　北齐画像砖
（弗里昂美术
馆　藏）

图 37　莫高窟第
276 窟
松树　隋

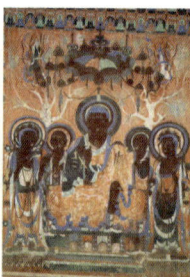

图 38　莫高窟第 311 窟
北壁　柳树下的
说法图　隋

图 39　莫高窟第 322 窟东壁　说法图
初唐

图 40　河北省临漳县出土的如
来七尊像北齐（河北省
文物研究所　藏）

图 41　荀国丑造像碑 582
年（河南博物院
藏）

图 42　莫高窟第 320 窟南壁　圣树　盛唐

图 43　敦煌绢画　树下说
法图　唐（大英博物
馆　藏）

图 44　宝庆寺雕刻中的圣树
唐（东京国立博物馆
藏）

图 45　宝庆寺雕刻如来三尊
像　唐（东京国立博
物馆　藏）

图 46　成都出土南朝
浮雕法华经变

图 47　成都出土南朝浮雕弥
勒经变

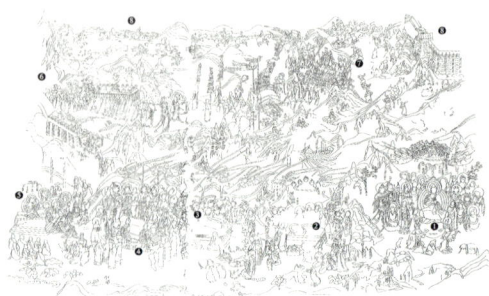

图 48　莫高窟第 332 窟南壁　涅槃经变　初唐

258

图 49　莫高窟第 335 窟北壁　维摩诘经变　初唐

图 50　莫高窟第 23 窟南壁　虚空会　盛唐

图 51　莫高窟第 33 窟南壁　弥勒经变　盛唐

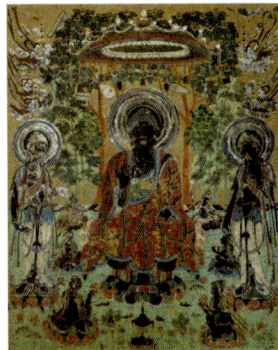
图 52　莫高窟第 322 窟北壁　说法图　初唐

图 53　莫高窟第 148 窟东壁　观无量寿经变　盛唐

图 54　莫高窟第 341 窟东壁　法华经变　初唐

图 55　莫高窟第 332 窟东壁　灵鹫山说法图　初唐

图 56　莫高窟第 217 窟北壁　观无量寿经变　盛唐

图 57　莫高窟第 332 窟南壁　涅槃经变（局部）　初唐

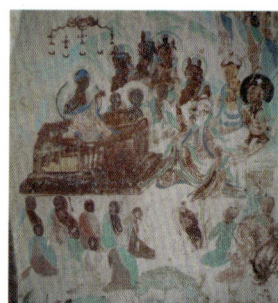

图 58　莫高窟第 332 窟南壁
涅槃经变（局部）　初唐

图 59　莫高窟第 423 窟窟顶　弥勒经变　隋

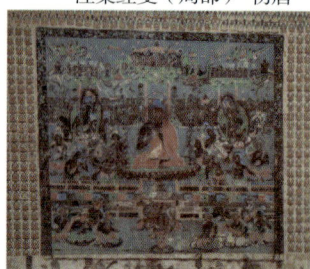

图 60　莫高窟第 334 窟北壁　阿
弥陀经变　初唐

图 61　莫高窟第 172 窟北壁
观无量寿经变　盛唐

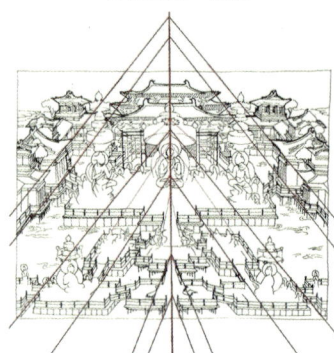

图 62　鱼骨式构成示意图

图 63　莫高窟第 225 窟西壁龛顶　西方净土变　盛唐

图 64 莫高窟第 45 窟北壁　观无量寿经变　盛唐

图 65　莫高窟第 148 窟北壁　涅槃经变（局部）
盛唐

图 66　莫高窟第 172 窟北壁　观无量寿经变（局部）　盛唐

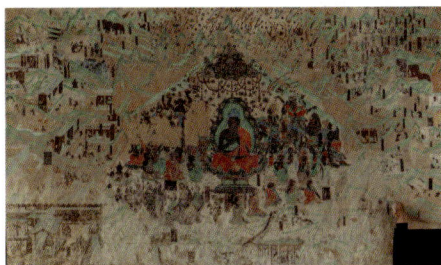

图 67　莫高窟第 321 窟南壁　十轮经变　初唐

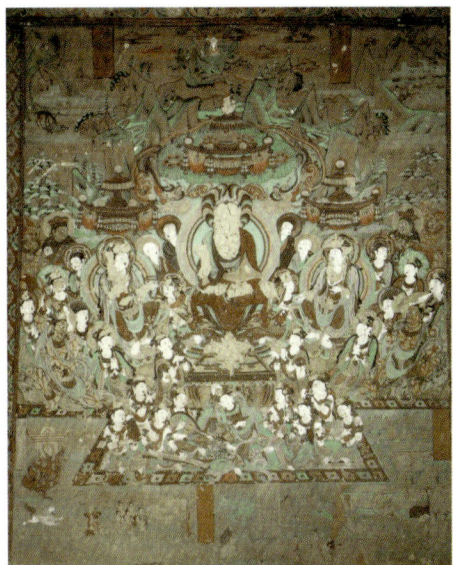

图 68　莫高窟第 112 窟北壁　报恩经变　中唐

图 69　莫高窟第 209 窟西壁　故事画　初唐

图 70　莫高窟第 217 窟南壁　经变画（局部）
盛唐

图 71　莫高窟第 323 窟北壁　山水　盛唐

图72 莫高窟第 209 窟西壁 故事画 初唐

图73 莫高窟第 323 窟南壁 山水 盛唐

图74 汉画像砖 荷塘渔猎图

图75 莫高窟第 420 窟窟顶 河流 隋

图76 莫高窟第 446 窟北壁 山水 盛唐

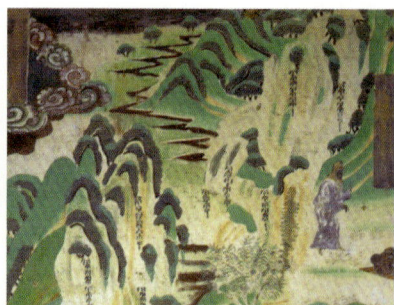

图77 莫高窟第 217 窟南壁 河流 盛唐

图78 莫高窟第 172 窟东壁 山水 盛唐

图79 莫高窟第 159 窟西壁 树木 中唐

图80 莫高窟第 148 窟北壁 云与山 盛唐

图 81　莫高窟第 54 窟西壁　屏
风画中的山水　中唐

图 82　新疆阿斯塔那壁画墓　唐

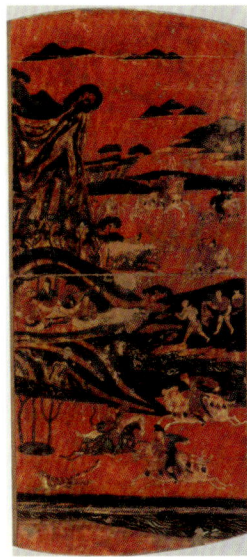

图 83　狩猎宴乐图　8 世纪
（奈良　正仓院　藏）

图 84　山水纹铜镜　唐
（美国西雅图美术馆　藏）

图 85　唐代漆胡瓶中的三山构成　8 世纪（奈良　正仓院　藏）

图 86　黑柿苏芳染金银绘箱盖中的山水
8 世纪（奈良　正仓院　藏）

图 87　莫高窟第 369 窟南壁　金刚经变　中唐

图 88　莫高窟第 361 窟西壁
五台山图　中唐

图 89　巨然《秋山问道图》
五代（台北故宫博
物院　藏）

图 90　莫高窟第 68 窟北壁　日想观　盛唐

图 91　莫高窟第 320 窟北壁　日
想观　盛唐

图 92　莫高窟第 231 窟南壁　萨
埵本生　中唐

图 93　敦煌绢画　佛传故事　唐
（大英博物馆　藏）

图 94　萧照《山腰楼观图》
南宋（台北故宫博物
院　藏）

图 95　莫高窟第 172 窟北壁　日想观
盛唐

图 96　莫高窟第 320 窟北壁　山水
盛唐

图 97　莫高窟第 103 窟南壁
　　　 山水　盛唐

图 98　绘因果经（局部）8 世纪（东京艺术大学　藏）

图 99　骑象奏乐图 8 世纪（奈
　　　 良　正仓院　藏）

图 100　传李昭道《明皇幸蜀图》（局
　　　　部）（台北故宫博物院　藏）

图 101　莫高窟第 276 窟北壁西侧
　　　　岩石　隋

图 102　莫高窟第 172 窟东壁　岩石
　　　　盛唐

图 103　莫高窟第 112 窟北壁
　　　　报恩经变中的山水　中唐

265

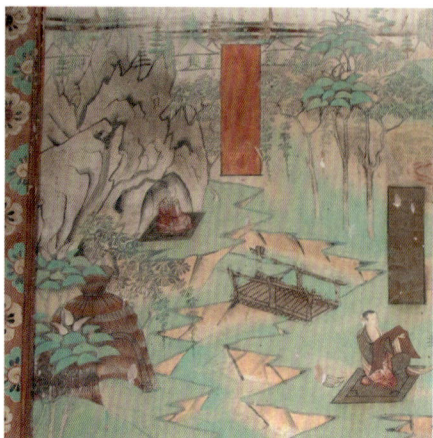

图 104　榆林窟第 25 窟北壁
弥勒经变中的山水　中唐

图 105　懿德太子墓壁画　山崖　初唐（706 年）

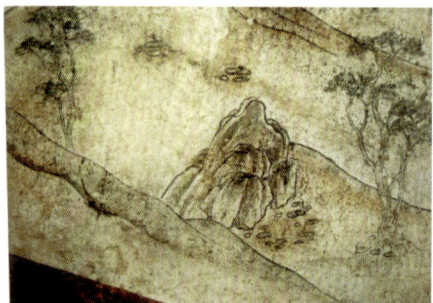

图 106　章怀太子墓壁画　山石　初唐（706 年）

图 107　富平县唐墓壁画　屏
风式山水图　盛唐

图 108　骑象奏乐图（局部）
8 世纪　（奈良　正仓
院　藏）

图 109　鸟毛立女屏风绘（局部）8
世纪　（奈良　正仓院　藏）

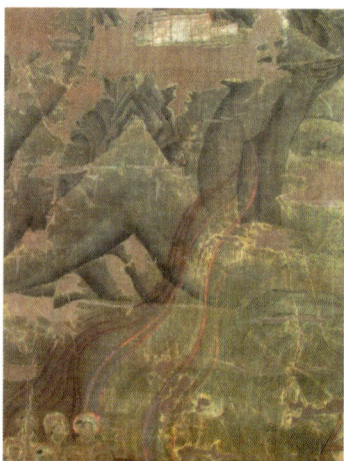

图 110　敦煌绢画《药师经变》中的山
水　唐　（大英博物馆　藏）

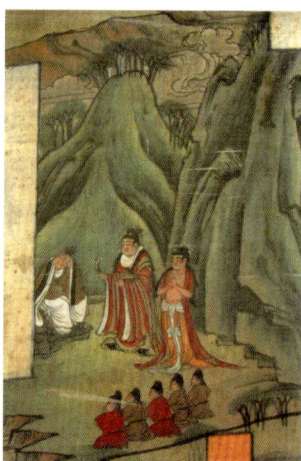

图 111　敦煌绢画《佛传》（局部）
唐　（大英博物馆　藏）

图 112　莫高窟第 103 窟南壁　山水　盛唐

图 113　莫高窟第 112 窟南壁
水墨山水　中唐

图 114　节愍太子墓壁画　山石
初唐（706 年）

图 115　薛儆墓壁画　水墨山石　唐

图 116　莫高窟第 103 窟北壁　山峰的晕染
盛唐

图 117　榆林窟第 3 窟西壁
北侧　文殊变

图 118　榆林窟第 3 窟西壁　文殊变上部山水

图 119　榆林窟第 3 窟西壁
南侧　普贤变

图 120　榆林窟第 3 窟西壁南侧　普贤变中的山水

图 121 普贤变中的山水（局部）

图 122　范宽《溪山行旅图》
　　　　北宋（台北故宫博
　　　　物院　藏）

图 123　郭熙《早春图》北
　　　　宋（台北故宫博物
　　　　院　藏）

图 124　普贤变中的树木

图 125　（传）范宽《雪山萧寺图》
　　　　中的树木　北宋（台北故
　　　　宫博物院　藏）

图 126　普贤变中的丛林

图 127　赵令穰《秋塘图》北宋
　　　　（日本　大和文华馆　藏）

图 128　《潇湘卧游图》（局部）北宋
　　　　（东京国立博物馆　藏）

图 129　榆林窟第 3 窟东壁门上部　山水

图 130　米友仁《远岫晴云图》南宋
　　　　（大阪市立美术馆　藏）

图 131　文殊变中的树木

图 132　马远《华灯侍宴图》（局部）
　　　　南宋（台北故宫博物院　藏）

268

图 133　文殊变中的树石小景　　图 134　榆林窟第 2 窟　水月观音　图 135　榆林窟第 29 窟　文殊变中的山水　西夏

图 136　榆林窟第 3 窟
普贤变山水中的亭

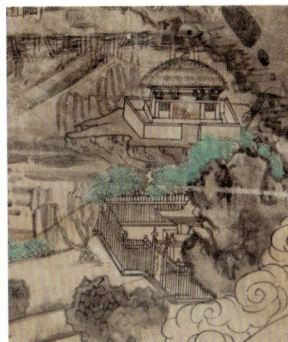

图 137　榆林窟第 3 窟
普贤变山水中的亭与草堂

图 138　榆林窟第 3 窟　普贤变中的亭

图 139　榆林窟第 3 窟
普贤变中的草堂

图 140　榆林窟第 3 窟
普贤变山水中的草堂

图 141　伯牙弹琴镜　唐（奈良　法隆
寺　藏）

图 142　唐代亭的模型（陕
西历史博物馆　藏）

图 143　莫高窟第 231 窟　壁画中的六角亭
中唐

图 144　郭熙《早春图》中的亭
北宋（台北故宫博物院　藏）

269

图 145　宋人《山水图轴》中的亭与草堂
　　　　（台北故宫博物院　藏）

图 146　夏珪《长江万里图》中的亭　南宋（台
　　　　北故宫博物院　藏）

图 147　巨然《秋山问道图》中的草堂　五代（台
　　　　北故宫博物院　藏）

图 148　宋人《山水图轴》中的草堂
　　　　（台北故宫博物院　藏）

图 149　赵喦《八达春游图》（局部）
　　　　北宋　（台北故宫博物院　藏）

图 150　苏汉臣《秋庭戏婴
　　　　图》南宋（台北
　　　　故宫博物院　藏）

图 151　蹴鞠青铜镜　南宋　（湖南
　　　　博物馆　藏）

后　记

本书是我在日本成城大学攻读博士学位期间完成的博士论文。

在日本留学期间，常常会碰到不少日本朋友向我提出这样的问题："很多留学生都是想学习国外的先进科学技术而留学，你研究的是中国美术，为什么非到日本来学习不可呢？"

1996 年，我以客座研究员的身份在东京艺术大学作研究，在国外的考察和学习中，给我刺激较深的有两件事：第一是看到了大量的流失于海外的中国古代艺术品，其中有不少是美术史上极其重要的艺术精品。第二是在一些国际性的学术会议上，往往来自大陆的学者较少，而国外的学者们对中国艺术研究的深入，让人吃惊。

第一件事是由于历史的原因造成的，随着我国的经济实力的增强，国内学者到国外调查那些艺术品将会越来越容易。第二件事则是令人深思的，我深深感到我们在艺术史方面的研究方法和研究手段还有很多需要努力的地方。

对于中国美术史的研究来说，历史上那些著名的绘画、雕刻等资料，我们过去很难都能看到真迹。众所周知，以前藏于故宫的大部分美术作品，现藏于台北。还有不少作品流散于英、美、法、日等国。此外还有不少艺术品是以前被外国探险家从大陆各地取走的，大陆的学者要调查这些作品之难是可想而知的。所以，至少在目前，对于中国美术史的研究，有些方面我们还需要参考国外学者的成果。

基于上述的考虑，我在客座研究员期满后，又继续在日本自费留学了 5 年，读完了硕士和博士课程。成城大学虽然是个规模不大的文科大学，但在美术史方面却拥有在日本极有影响力的著名教授，如东山健吾教授（东洋美术史）、千足伸行教授（西洋美术史）、佐野绿教授（日本美术史）等先生。在东山健吾教授的研究室，我们围绕《历代名画记》、《洛阳伽蓝记》和《魏书·释老志》这三部书来学习中国南北朝到隋唐时代的美术史，特别是佛教美术的发展状况。东山先生注重对佛教遗迹的实地调查，他授课所用的大量幻灯片等资料都是他多次到印度、中亚与中国各地佛教遗迹直接考察所得，他的授课使我注意到古代中国美术与外国美术的相互影响与联系。在东山健吾先生退休后，我得到了佐野绿教授的指导，实际上在硕士课程的时候，我就常常得到佐野教授的精心指导，佐野先生常常以宏观的视点来剖析一个时代美术史的发展及相关的文化背景，并强调通过美术品本身来考虑其样式特征及相关的美学问题。她认为，对美术的分析不能局限在美术一个方面，与之相关的文学、建筑、音乐等方面也应给予足够的关注。此外还听过佛教美术史专家安田治树先生讲授《佛教美术》，八木春生先生讲授《比较美术史》，我不仅开拓了视野，而且在治学方法上深受启发。此外，我曾在东京艺术大学旁听了田口荣一先生的《日本美术史》课，在东京大学旁听了小川裕充先生的《中国绘画史》课，都给我留下了很深的印象。

因此，在日本的留学，使我对美术史研究有了新的认识，对我来说是在学术上的一次飞跃，这篇博士论文就是在日本学习和研究美术史的重要收获之一。通过本书，我想重新来分析和解释敦煌的风景艺术，把敦煌壁画放在中国绘画发展史的长河中来看其流变，并对一些具体的表现形式作微观的分析，确认其样式的传承。我认为敦煌艺术之所以成为中国式的佛教艺术，就是因为它包涵着很多中国传统文化的因素，而文人意识就是一个十分重要的因素。文人意识对敦煌壁画的影响问题，还没有引起学者们的足够重视。这也是本书想要强调的一点。在写作博士论文期间，还承担了《敦煌石窟全集·山水画卷》的写作任务，《敦煌石窟全集·山水画卷》（2002年，香港商务印书馆出版）与本书可以看作是姊妹篇，主要按历史发展的线索，阐述敦煌壁画山水画发展的脉络，并对一些山水表现形式及技法等因素作了探讨。读者若能参照该书，可能会有助于对本书的理解。

敦煌艺术博大精深，本书仅选取了"风景"这个课题来进行研究，不足之处一定很多，希望广大读者不吝赐教。

本书有的章节曾作为单篇的论文相继在国内外的学术会上作过口头发表，或在刊物上发表过。发表情况如下：

第二章之第二、三节分别以《敦煌北朝壁画说法图中的圣树》《敦煌隋唐壁画说法图中的圣树》为题发表于成城大学《成城美学美术史》第 8 号（2002 年）、第 9 号（2003 年）。后又合并以中文发表于中山大学《艺术史研究》2003 年第 4 期。

第三章之第一节以《唐代经变的空间构成》为题在 2002 年 5 月"第 47 次国际东方学者会议"（东方学会，东京）上口头发表。

第三章之第二节以《唐代壁画中山水的空间表现》为题在"2000 年敦煌学国际学术讨论会"（敦煌研究院，敦煌，2000 年 8 月）上口头发表。其后刊于《2000 年敦煌学国际学术讨论会文集》，甘肃民族出版社，2003 年 9 月。

第三章之第三节以《敦煌唐代壁画山水的构成》为题在 2000 年 7 月"纪念藏经洞发现 100 周年敦煌学国际研讨会"（香港大学，香港）上口头发表。

第四章之第一节以《唐代壁画中的水墨山水画》为题在"唐墓壁画研究国际讨论会"（陕西历史博物馆，西安，2001 年 10 月）口头发表，其后刊于《唐墓壁画国际学术研讨会论文集》，三秦出版社，2006 年 10 月。

第四章之第二节《榆林窟第 3 窟的山水画》在"东方学会第 49 次全国会员总会"（东方学会，东京，1999 年 11 月）口头发表，其后刊于《艺术史研究》1999 年创刊号。

第四章之第三节《榆林窟第 3 窟壁画中的亭、草堂、园石》刊于《敦煌研究》2004 年第 1 期。

在长时期的留学生涯中，我有幸遇到了很多尊敬的老师和热心的朋友，在学术上给我予指导与鞭策，在精神上给我予鼓励与支持，在生活上给我予温暖与援助。不仅使我顺利完成学业，还使我旅居日本的生活十分充实，留下了人生中最难忘怀的一页。

本书从计划到实施，成城大学的东山健吾教授、佐野绿教授始终给予了恳切的指导和帮助。为了审查我的论文，佐野教授冒着炎暑，专程到敦煌石窟考察，并在论文写作方面提出了许多中肯的意见和建议。

在我留学期间，敦煌研究院院长樊锦诗先生始终给予我热情的支持和鼓励，并提出不少有益的建议。中华书局柴剑虹编审、中山大学姜伯勤教授、北京大学马世长教授也不断给我予热忱的指导和关怀。

在日留学期间，由于东京大学池田温名誉教授、东京艺术大学田口荣一教授的帮助，使我得到很多诸如在学术会议发表论文和与日本学者们交流的机会。筑波大学八木春生先生、共立女子大学久野美树老师常常对我的论文提出率直的意见，使我获益匪浅。在我生活艰难的日子里，玉川大学西村三郎先生、早稻田大学砂冈和子先生总是向我伸出援助之手，在学习和生活方面给我极大的帮助。

此外还有不少老师和友人给我很多帮助。在此，谨向所有支持、帮助和关心过我的师长、朋友们致以衷心的感谢！

在我留学的七年中，妻子张艳梅独立承担着家庭和抚养孩子的重任，始终坚定不移地支持我的学业，我最终能够完成自己的研究，与她的艰苦努力是分不开的。

作　者

2003 年 6 月

再版后记

本书是我的博士论文，也是我的第一部学术研究成果。记得 2003 年 3 月在日本成城大学通过了博士论文答辩，取得了博士学位后，池田温先生听说了我的消息，便给我打电话，邀请我把博士论文在日本学术界作些分享介绍。于是我就到东洋文库参加由池田先生主持的"内陆亚洲出土古文献研究会"例会，把我的博士论文中的重要章节作了一个简要报告。出席那次会议的，除了池田温教授外，还有敦煌学和美术史研究方面的不少著名学者，如土肥义和、妹尾达彦、中野辙等先生。还有一位历史学研究者菊池克美先生，是我初次见到的。当时菊池先生正在为比较文化研究所筹划编纂一套敦煌学研究丛书，他了解到我的博士论文内容时，非常感兴趣，就要走了我的博士论文副本。半个月后，在菊池先生的大力支持下，我的博士论文正式列入"敦煌学丛书"出版计划中，于 2005 年 1 月正式在东京出版了。

2003 年 5 月回国后，我向柴剑虹老师报告了我在日本取得博士学位的情况，柴老师非常高兴，并建议我将博士论文译成中文，申请列入季羡林先生主编的"华林博士文库"中出版。于是我用了半年多时间把博士论文改为中文。在季羡林先生、柴剑虹先生、湛如先生的大力支持下，这本博士论文列入了"华林博士文库"，由中华书局于 2005 年 6 月出版。一年间，日文版和中文版同时出版，令人十分欣慰。但是我始终不忘季羡林先生在"华林博士文库"总序中说的："不管你们的论文是否已经纳入文库，都要更上一层楼，锲而不舍，继续钻研，以便取得更新更大的成绩。"

近二十年来，我把通过博士课程学习而探索、体会出的一些方法、原理应用在敦煌石窟美术史的研究中来，持续地进行敦煌艺术史的研究，陆陆续续竟也取得了一些成绩。今天，回顾当初撰写博士论文的情景，无限感激我的导师东山健吾先生、佐野绿先生。没有他们对我的精心培养和严格要求，我不可能取得这样的学术成果。而这本《敦煌壁画风景研究》也正是我以新的视角、新的研究方法对敦煌艺术研究的最初成果，今天看来，这本书依然令我感到自豪。

这次再版，除了对原著中个别字词的错误作了修订，基本上保持原著的面貌。书中的插图，这次都换成了高清晰的数字照片，方便读者欣赏。所有的敦煌壁画照片均由敦煌研究院授权使用。

对敦煌山水画的研究，是我踏入敦煌艺术研究领域的第一个课题，本书与笔者另一著作《敦煌山水画史》同时出版，是我长期以来的夙愿。这两本书一本是对敦煌壁画山水风景的深入剖析，另一本则是按时代顺序对山水画发展历程的梳理，两书互为补充，可以大体呈现出敦煌壁画中山水画的全貌。两书顺利出版，要特别感谢中华书局领导的大力支持和朱玲编辑的辛勤工作！

赵声良

2022 年元月